U0533274

斯多葛练习

THE
EVERYDAY
STOIC

William Mulligan

[英] 威廉·穆里根 著 鲁擎雨 译

北京联合出版公司

斯多葛练习

[英]威廉·穆里根 著
鲁擎雨 译

图书在版编目（CIP）数据

斯多葛练习 /（英）威廉·穆里根著；鲁擎雨译 .
北京：北京联合出版公司 , 2025.8. -- ISBN 978-7
-5596-8522-3
Ⅰ . B502.32-49
中国国家版本馆 CIP 数据核字第 2025K7Q360 号

THE EVERYDAY STOIC

by William Mulligan

Copyright © Mulligan Brothers Limited 2024
First published as THE EVERYDAY STOIC in 2024 by
Michael Joseph. Michael Joseph is part of
the Penguin Random House group of companies.
Chinese Simplified translation copyright © 2025 by
United Sky (Beijing) Neww Media Co., Ltd.
All rights reserved.
No part of this book may be used or reproduced
in any manner for the purpose of training artificial
intelligence technologies or systems.

北京市版权局著作权合同登记号 图字：01-2025-2056 号

出 品 人	赵红仕
选题策划	联合天际
责任编辑	孙志文
美术编辑	程 阁
封面设计	沉清 Evechan

出　　版	北京联合出版公司
	北京市西城区德外大街 83 号楼 9 层 100088
发　　行	未读（天津）文化传媒有限公司
印　　刷	大厂回族自治县德诚印务有限公司
经　　销	新华书店
字　　数	95 千字
开　　本	880 毫米 × 1230 毫米　1/32　6.5 印张
版　　次	2025 年 8 月第 1 版　2025 年 8 月第 1 次印刷
ISBN	978-7-5596-8522-3
定　　价	52.00 元

本书若有质量问题，请与本公司图书销售中心联系调换
电话：(010) 52435752

未经书面许可，不得以任何方式
转载、复制、翻印本书部分或全部内容
版权所有，侵权必究

目 录

欢迎来到斯多葛主义	1
第一章　我的生活到底怎么了？	7
第二章　理论的基本	17
第三章　幸福的喜悦	31
第四章　我真的什么都做不了	49
第五章　若无瑕疵，无须修补	67
第六章　至少有一种确定性	87
第七章　有人理解我吗？	105
第八章　拇指朝上，拇指朝下	121
第九章　你脑海中的微弱声音	139
第十章　那些"好东西"的真相	151
第十一章　戴上玫瑰色眼镜	169
第十二章　别忘了停下	185
前行之路	201

欢迎来到斯多葛主义

深暗的大海上波涛汹涌，天气越发恶劣。满载贵重货物的船只在海面上摇晃着，猛烈地撞击礁石，直到硬木船身再也承受不住了。伴随着可怕的"嘎吱嘎吱"的断裂声，船只最终解体，货物也沉入了爱琴海海底。

不知何故，货主幸免于难。曾经富甲一方的商人芝诺如今身无分文，遍体鳞伤，几乎快被淹死。他一路蹒跚来到雅典，像所有从海难中幸存下来的人一样，走进了一家书店。在那里，他没有因为全部钱财在一次糟糕的航行中消失殆尽而心生绝望，反而和书店老板聊起了最新的哲学。

或许是因为作为沉船事故的唯一幸存者而受到极大的震撼，又或许是被周围关于存在本质的激烈辩论所触动，芝诺开始构建自己的哲学思想。他的追随者后来被称作

"斯多葛学派"。这个名字来自"彩绘柱廊"（Stoa Poikile），他们每天都会聚集在这条有顶棚的长廊中讨论。（斯多葛主义最初被称为"芝诺主义"，但追随者很快就放弃了这个叫法，因为他们相信任何老师都是有缺点的，这种叫法可能会把哲学发展成个人崇拜。）

芝诺死后，克里安提斯成为斯多葛学派的新一任领导者。他是一名挑水工和拳击手，因力气大、忍耐力强被称作"驴子"。然后是作为长跑运动员和高产作家的克利西波斯。他的著述是斯多葛主义广为流传的关键因素，他去世的方式也相当令人羡慕——他因为看到一头驴子吃无花果而大笑不止，最终在欢笑中离世。在他之后一段时间，波希多尼出现了。他是一名运动员、天文学家、数学家和政治家，曾穿越欧洲和非洲，还计算出了地球周长和月亮对潮汐的影响。他声名远扬，吸引了世界各地的人纷纷加入斯多葛学派。

大约一百年后，爱比克泰德登上历史舞台。尽管身有残疾，但他成功摆脱了奴隶身份，重获自由，并将斯多葛主义从抽象的理论转化为一种切实可行的生活方式。他反对单纯的理论教学，因此拒绝著书立说。他的思想能够流传至今，全赖一位热心的学生将其记录并整理成《语录》和《手册》。

两千年后，这些文字依然发人深省。认知行为疗法的创始人亚伦·贝克甚至认为，爱比克泰德的思想对这一疗法的诞生产生了深远影响。

斯多葛学派的最后一位重要人物是马可·奥勒留，他是古罗马最后一位伟大的皇帝，也是当之无愧的"哲学之王"。他一生都在与疾病作斗争，并应对瘟疫、战争和众多子女的死亡。他将斯多葛哲学和自己受其指引的人生写成了个人笔记，虽然只是为了自我完善，但这些文字后来被出版了，并一直流传至今。它是斯多葛主义的重要文献之一，其中包含数百页的智慧、挣扎、研习与思考。

后来，斯多葛主义在古希腊和古罗马拥有了诸多的追随者，其中不乏声名显赫之人。它很快就传播到了这些国家及其征服的土地之外。即使在基督教崛起，许多哲学流派被压制的情况下，斯多葛主义也屹立不倒。它主张构建一条通往"美好"生活的道路，培养自己的品格，每天保持良好的精神状态。这种观点传遍了世界各地，跨越了多种不同的文化。

在斯多葛学派数千年的历史中，曾有多位斯多葛学派哲学家因其信仰而蒙受苦难：罗马皇帝图密善曾将所有哲学家逐出罗马，其中就包括斯多葛学派的领导者爱比克泰德；图密善的父亲韦帕芗甚至曾专门针对斯多葛学派哲学家，以利用"不恰当的教义"败坏学生的罪名将他们流放。穆索尼乌斯·鲁弗斯也因斯多葛主义的观点而受到尼禄的猜忌，最终两次遭到流放。

不过，斯多葛学派的哲学家们从未停止传授斯多葛主义。他们认为传授这些人生经验比保全自己的生命更为重要。一旦你更多地了解斯多葛主义者在生活中的价值观，你就难免生出这样的想法：掌权者并不愿见到公民说"或许我们不需要大肆消费，不必为了获得一丁点的权力而斗得你死我活"。如果只靠恐惧和消费主义来影响人，那些内心满足、无所畏惧的人，可能会变得更加难以影响。

但斯多葛主义之所以能如此长盛不衰，有一个关键原因：它很实用。这意味着斯多葛主义作为一种生活哲学，是灵活的。如果你接受人们生活在千差万别的环境和境遇中，就不会对该吃什么、该排斥哪些人、该禁止哪些行为做出硬性规定。此外，斯多葛主义也是通俗易懂的：你不必皓首穷经、避世隐居，就能理解这种哲学并开始斯多葛式的生活。事实上，我认识的一些斯多葛主义者甚至从来没听说过它，更不用说研究它了。这意味着斯多葛主义具有令人难以置信的吸引力。你今天开始学习它，今天就会发现生活有所改善。它的效果很直接，而且这一整套哲学都是关于日常实践的。在这条路上，你不会变得更斯多葛主义，从而抵达斯多葛主义的顶峰。相反，你会养成良好的习惯，从而更容易做出正确选择，这将为你带来幸福。而随着你培养出更多的耐心、同理心和智慧，你周围的人也会过得更好。这一切都是为了让我们有机会开始养成这些微小的好习惯，决定自己要如何生活在这个世界上，并把二者结合起来，找到斯多葛式的繁荣。

无论我们是否采用这种说法，我们都有一套自己的哲学，关于我们如何待人、他人如何待我，也关于世界整体的样貌。无论我们是否表达、如何表达，我们都形成了自己的人生哲学，它影响着我们对生活方式的选择。

芝诺并没有在斯多葛主义中发明什么新东西。他不过是揭示了关于人的普遍真理，即我们的行为方式、好恶以及是什么让我们在任何条件下都能茁壮成长。每一章将分别探讨一则或许已为我们所遗忘的普遍真理。我希望，这些真理能为你带去斯多葛主义的知足与幸福。

这是一本实用的生活指南。有一些哲学书会使你追问存在、信仰、道德和自我，但本书并不是学术性的理论研究，也不涉及厚重的历史。它提供的是一个日常的生活模板，让你的生活更平和、幸福，让世界对每个人更友好——更公平、更平静、更睿智、更愉悦。你将获得成为最好、最快乐的自己所需的工具。我不想为斯多葛主义设立门槛，我想通过这本书告诉所有人，斯多葛哲学是如此简单、易懂和令人快乐。这不是一场要看几百本书来应付的考试。世上一些最具有斯多葛精神的人可能从未听说过这种哲学。斯多葛主义的生活方式会改善所有人的生活，而不只限于少数有财力、有时间过上"好"生活的人。这就是关键：生活即一切。

愿你享受这本书的阅读过程，并享受一种斯多葛主义的生活。

第一章

我的生活到底怎么了？

——斯多葛主义如何让一切更美好

你每天的选择、想法和行为决定了你将成为什么样的人。

——赫拉克利特

或许，你每天早上都会快乐地醒来，晚上倒头睡下时也觉得充实，虽疲惫但愉快，你能立马进入甜蜜的梦乡，为第二天的快乐做好准备。或许，你从未和朋友或同事发生过龃龉，从未在漫长的队伍中感到压力，也从未介意过一段关系的结束或一份工作的失去。也许你是那种把每个杯子都看成不仅是半满的，而且是满溢的人。

　　如果真是这样，我要恭喜你，你大概不用看这本书。

　　但对我们其他人来说，生活有时就是接连不断的麻烦事。从微小的抱怨——错过公交车、汽车没油、朋友放鸽子、刚完成工作又要开会，到人生的重大挑战——分居、失业、死亡，生活在21世纪，会有无穷无尽的情感、财务、精神和生活问题。这一切都埋没在社交媒体的压力和拉扯下，埋没在一个无休止连接的互联网中。

　　我们挣得不多，吃得不对，外表和穿着不符合要求，朋友也太少；就算有很多朋友，我们也没有以正确的方式与其相处。房子得更精致，工作得更称心，我们得用爱好去挣钱，时刻关心自己，还得关注每一条新闻，掌握信息，未雨绸缪。

太累了。

如今的世界节奏之快、压力之大，学会不在意没赶上的公交车，似乎并不能带来多大改变。世界上有这么多严重的问题，推开超市里在你前面插队的人又有什么关系呢？

但事实出乎你的意料，这些微不足道的情绪宣泄确实有用。生活是由无数个瞬间构成的，当下这个瞬间，你正坐着读这本书。其他微小的瞬间也会让你的心情更好或更坏，许多个糟糕的瞬间会变成糟糕的一天，让你觉得一整天、一整月、一整年都被毁掉了。在这样的一天里，要是前些天你还碰到了几件糟心的小事，你会觉得自己就要崩溃了。

要是能过一种不受影响的生活呢？要是你养成了好习

惯，能游刃有余地应对小事，那在碰到大事的时候，你就会习惯性地以另一种方式来对待它了。你能掌控的，让你无能为力的；终将面对的死亡，无比珍贵的生命；你想在世上留下的痕迹，对他人产生的影响……只要知道方法，你就能轻而易举地找到幸福。

在我的生命中，也有过挣扎。不论大小，所有的挣扎都让我感到沉重无比、难以承受。它们先是把我变成了一个闷闷不乐的、焦虑的少年，然后又把我变成了一个心力交瘁、消极易怒的成年人。我苦于羞怯和焦虑，不停地担忧如何生存、如何帮助周围的人，但总是被恐惧和自己的想法所束缚。我会为了躲避朋友而横穿马路，拒绝参加活动，因为我一直担心我说了什么或我能说什么。为此，我错失了友情、工作和机会。我吃不下饭，睡不着觉，成了自己局限性的囚徒。那时，我读的每一本自助书都宣告着作者的自信，他们总有答案，从不怀疑自己的成功，和我的处境相差十万八千里。

后来，我发现了斯多葛主义。

更确切地说，是妈妈让我发现了斯多葛主义。她是一个单亲母亲，独自抚养了七个孩子，留着粉色短发，做着护士的工作。她是我见过最坚强的人。

当时，我在建筑工地干着一份不喜欢的工作，每天通勤四个小时，拿着微薄的工资，和老板关系紧张。我要求他至少付给我最低工资，他断然拒绝，说如果我想要加钱，得每个周末上班才行。我觉得自己的生命在悄然消逝，对未来的规划和雄心壮志每一天都在耗竭。这时，妈妈给了我一本书。我以前不爱看书，但她说，我每天在公交车上有大把时间可供消磨，要是看书不晕车，为什么不试试呢？我妈妈当时是一名护士，以前经营过一家康复中心，所以她的好多书都是关于康复、成瘾和心理学的。对一个从不看书的人来说，这些题材可不算寻常。但是，我慢慢地、一本又一本地读了下去，开始从她塞得满满当当的书柜里挑书看，然后发现我从未见识过的世界，听见我从未想象过的声音。有一天，我突然意识到，这四个小时不再是对生命的浪费，而是他人无比渴望的馈赠。诅咒变成了祝福。

一天，我在清晨等公交车时，一个清洁工突然走了过来，递给我一本书。当时，我一定满脸茫然，于是他解释说，他总是看见我早上在那里看书，他在一个垃圾桶上发现了这本书，就帮我收了起来。他没再说什么，听我道谢后就离开了。我再没见过他，但这个陌生人的小小善举改变了我的想法。有可能，人们并不总是潜在的威胁，大多数人想为身边的人做好事。

终于，我读到了马可·奥勒留的《沉思录》。对于一个一年前才勉强开始看书的人来说，乍一看，这似乎是一本不可能读懂的书，毕竟它是两千年前用古希腊语写成的哲学札记。但当我开始阅读后，我很快就发现书中的内容引人入胜，也同我和我周围人的生活息息相关。我记得其中有一个段落，奥勒留说他的目标是"要像一块岬角的岩石，任凭那海浪不断冲击；它屹立不动，而四周汹涌的浪涛却平息下来"。我生活在如此动荡和不确定的环境中，这个在不稳定的世界里保持沉稳和确定的精神形象让我不禁停了下来，并生出了一丝希望：我的未来可能看起来与我之前想象的不同。我读得越多，越是惊讶地发现，这位备受赞誉的历史人物、罗马帝国最后一位伟大的皇帝，竟然也和我一样是个普通人，他也会为自己的家庭、脾气、自信心和共事者心怀忧虑。或许他曾指挥过战争，掌管过一个帝国，但他最关心的是如何才能成为自己想成为的好人，通过仁慈、公正和对他人的关怀寻找力量。

斯多葛主义不能解答所有问题，但它让我开始思考该如何生存和死亡，从而让世界变得对我们所有人都更好。斯多葛主义关注诚实和联结、自我完善和简单、选择、力量和真理。

回想起来我以前的一些行为方式、感受和对事情的反应，感觉现在就像变了一个人似的。曾经的我不敢走进商店，无法和朋友交谈，从来不去派对，在学校里也沉默寡言。曾经的我像一个影子，焦虑且充满畏惧，常常连最简单的事情都做不好。但斯多葛哲学让我对一切都有了不同的看法，就连我那份收入微薄、过度劳累的体力工作也不例外。尽管我的老板对我不好，但我对他依旧忠诚。这大概是因为我害怕未知的选择。在斯多葛主义的影响下，我最终辞掉了工作，走上了真正心之所向的道路。

我的生活就此焕然一新。在我成长的过程中，我们家的七个孩子都是由我妈妈独自抚养长大的，经常有人上门讨债。我们总是把电影当成避难所，不只看电影本身，还看拍摄和制作的幕后花絮,关注有关电影制作的一切。如今,我和两个兄弟一起创业,通过拍电影来丰富人们的生活。我们的梦想是进军好莱坞。

很快,我们就在妈妈的阁楼上有了一间办公室,那里更像是一个爬行空间,堆满了圣诞节装饰品。这也是我和另一个哥哥的卧室,房顶的椽条间露出亮粉色的玻璃纤维隔热层,即使在屋顶最高点人也无法完全站立。我们把打工挣来的每一分钱都攒了下来,买了办公电脑,成立了一家名叫"穆里根兄弟"的传媒公司。公司唯一的宗旨就是激发变革。为了防止电脑过热,我们在夏天开着好几台风扇,冬天则穿着好几层大衣、戴着厚厚的手套在上面工作和睡觉。我和两个兄弟一心想着我们的计划。在工作的同时,我读了所有能找到的与斯多葛哲学相关的书。我发现它缓慢地、日复一日地给我带来了越来越多的幸福和满足。(公司最后大获成功,我们几个凑钱给妈妈买了房子,以报答她为我们所做的一切。)

斯多葛主义最吸引人的地方在于有益的习惯。这些细节会日积月累,形成良性循环。越是接触斯多葛思想,我们就越容易找到一种让自己和周围的人都觉得舒服的应对方式。很多时候,生活中已知的困难并不会消失,无论是不合适的恋爱对象、糟糕的工作,还是令人沮丧的友谊,因为我们不知道自己能否做出正确的选择,改善生活的境况。有的时候,我们得被迫做出改变,才能发现更好的生活。就算生活没有得到客观改善,斯多葛主义也会让我们变得坚韧、乐观、豁达,获得智慧和快乐。

这难道不值得一试吗?

总结

斯多葛主义就是培养有益的习惯。只要迈出第一步,你的生活就会有新的乐趣。

第二章
理论的基本
——四大美德

人并非生来勇敢,但天生就有潜能。
没有勇气,就无法一以贯之地践行美德,
就不能成为善良、忠实、仁慈、慷慨和正直的人。

——玛雅·安吉罗

在本书中，我们将详细说明"四大美德"，即智慧、节制、勇气和正义。但首先，我们需要澄清斯多葛主义对它们的各种定义和解释。四大美德是人格的发端，是引导我们成为良善之人的可靠指南，也是斯多葛主义的根本基础。斯多葛学派认为，如果我们把这些价值观放在首位，就不会走入歧途——智慧、节制、勇气和正义的人不会引发伤害或深陷不幸，因为美德会滋生满足感，而满足感又会滋养更多的美德。

这个基础至关重要。无论是否指认它，我们的思想、行为和待人方式的背后，都受潜意识的影响。如果我们不以某种道德哲学为基础，流行文化、社交媒体和陌生人所展现出来的一小部分表象就会成为我们生活的依凭，让我们把财产、炫耀和积蓄当成最重要的东西。我们的欲望也可能来自父母，或受其影响。就算出于好意，父母也往往会让我们觉得：我们的"欲望"应该和他们一样，我们应该追随他们的脚步。比如说，很多孩子从小就被教育要打理家里的生意。但是，现在的孩子接触互联网的机会越来越多，接触的年纪也越来越小。甚至，在进入青春期前，网络图片对他们的影响远比父母要大。这些图片的影响，金钱和关注的诱惑，会深深植入他们的大脑和潜意识。我们可以效仿网上的做法，获得同样的关注，但它不能告诉我们如何真正地生活，如何在社会上取得成就并造福他人。在镜头之外，当我们没有被拍照，或者没有被关注的时候，我们该如何生活？在困境中，我们如何应对？在没有镜头和手机的房间里，我们如何自处？我们如何独立思考？

在任何情况下，四大美德都能提供指引，让我们采取最有益的行动。

练习

"美德模仿"在许多宗教和哲学中都很受追

捧。你可能见过戴着WWJD手链[1]的基督徒，在遇到困难时他们会问自己："耶稣会怎么做？"

想一想你认识的人，无论是在现实生活中还是在电影或书籍中能体现四大美德的人物。这四种美德不必为一人所兼具，也可以是分别拥有一种美德的四个人。他或她也许是你的家人、老师、朋友或同事；也许是小说里的角色；也许是像大卫·爱登堡或罗莎·帕克斯这样的人。在脑海中描绘一幅清晰的景象，想象他们所展现的美德，他们的说话、反应和举止。

下一次遇到困难时，冷静下来问问自己：这个人现在会怎么做？会说什么？你能在模仿中展现出他或她的美德吗？

如果美德能带来好运、安宁和幸福，

靠近美德，自然也会更靠近这些事物。

——爱比克泰德

---

[1] 一种具有特定宗教含义的饰品，它代表了一种道德和精神上的自我提醒，但也引发了一些争议和反思。

爱比克泰德认为，道路和目的地同等重要，前者甚至比后者更为重要。努力追求美德本身就会给我们带来益处。斯多葛主义从不要求我们达到完美，而是关注美德习惯的养成。当我们按照这些选择采取行动时，周围的人也会受益。智慧、节制、勇气和正义看似只是抽象的概念，我如何在早上醒来时践行智慧？但是，在追求美德的过程中，我们会产生切实的、积极的、可以实现的感受：幸福、诚实、慷慨。

在古希腊，四大美德会表现为"四象图"，其中四种动物各自代表一种美德——人代表智慧，牛代表节制，狮子代表勇气，鹰代表正义。在现代，不论看见这四种动物时会有何联想，四大美德是否还有更深的含义？

比如，智慧也意味着精明、机智、谨慎、敏锐、足智多谋和出色的判断力。它是一种能力，能够识别什么是我们力所能及的，什么是我们力所不能及的，什么是世界上的好与坏。智慧是四大美德的基石。如果我们知道什么对我们有帮助，我们就能更了解自己的本性，以及如何造福周遭世界。在斯多葛主义看来，智慧不是二元对立的。没有人是生来智慧或愚笨且不可改变的。智慧和其他美德、技能一样，都是可以练习和提高的。既然是技能，哪有不去精进的道理呢？一切始于实践。从理解智慧和其他美德的内涵开始，使其成为我们行动的指引。

　　学习任何新技能，最难的总是开始，但这也是我们进步最大的时候。有挑战，才有进步。我们用内心独白和内在意图来评判自己，却用外在的行动和行为来评判他人。我们都知道，做错事的时候，我们总能找到为自己辩解的理由——我们是被迫的，或受到了误解，或是为了帮助他人。但是，当他人犯错时，我们只能根据自己的所见加以评判。由于无从得知这种行为背后的缘由和内在考量，我们的评判往往是苛刻的，甚至有失公正。同样，我们对一个人的印象不等于他或她的道德立场。走路姿势夸张、说话方式粗鲁、衣着邋遢的人不一定就是坏人，但资本主义却告诉我们，社会地位也能显露一个人的道德水准。想一想在席卷西方世界的经济危机中，从他人身上榨取了数十亿美元的银行家们，他们的言谈举止、衣着、车子、房子无一不在告诉我们：他们实际上是"好人"，只不过是利用了设计好的制度来剥削他人，为自己牟利。这不是道德问题，而是制度问题。与其形成鲜明对比的是领福利的人,一个总是被媒体妖魔化的群体。这些人依法申领救济金,以维持自己和家人的衣食住行——这就是制度设计的目的。除此之外,他们再无其他生存方式。这些人必然是道德上的弱者,甚至是道德败坏者,且看他们的衣着、言谈和住所就知道了。在社会的阶层分化问题上,我们已经丧失了客观的智慧。

你见过多少次有人在网上大肆宣扬对某个社会问题的道德立场?也许是一句Instagram标语,也许是Twitter上的道德辩论。但是,这些人却会因为一个人措辞有误而对其展开批判,就算他或她正在采取实际的行动为慈善机构或弱势群体提供帮助。我有一个朋友,他是动物援助者,坚持素食主义已有十五年。最近,他在网上评论其他人的帖子时就有类似的经历。那个人发布了一段农场主虐待牛的视频,我的朋友评论说:"工厂化养殖的动物处境更糟。"很快,他就被大量的评论击垮了,他们唾骂他品格低劣、邪恶,指责他憎恨动物。他感到十分困惑,长期以来,他一直关心动物福祉,他只不过是想指出养殖业的普遍问题,又怎么会在网上被陌生的非素食主义者认为他是问题的所在呢?就因为他的说法不像其他人那样哗众取宠吗?

来自社区的活动家可能不会使用当今的正确术语。但是，当他们组建起一个当地青年照护者小组时，他们为世界做出的善举将远远超过那些躲在键盘后面的人，后者唯一的"行动"就是和他人争辩用词的正确与否。流行用语不断变化，但让他人对自己和生活感受更好，其积极的连锁反应将远远超出我们的想象，而"键盘侠"只会增加世间的分歧。

其实，思想善良、积极，自认为是"好人"的人也会做"坏"事。由于自私和无知，他们的行为可能会对世界造成巨大伤害；只因内心独白仍是温和的、符合道德的，他们就以为自己还是好人。同样，思想消极、严苛的人可能每天都在行善，但他们的内心独白是批判的、阴郁的，他们往往视自身为"坏人"。客观来看，这些人对世界的影响完全不符合他们对自己的看法："坏人"其实是善的，反之亦然。内心的想法和辩解并无意义，拥有智慧，我们才能理解现实。关键在于行动，而非思想、理论或对自己的看法。谨记奥勒留对自己那句广为人知的教诲："别浪费时间争论好人该是什么样的，去做一个好人吧！"

节制也意味着谦虚、自制和良好的纪律。我们可以为智慧和勇气牺牲自己，避免贪婪和虚荣，诚实地面对自己真正的需求，以理性判断将自己的欲望限制在合理范围内。节制不只是自愿践行的自律。在健身房锻炼三个小时，只为把吃太多垃圾食品的行为合理化，让自己感觉不那么糟，这不是节制。为了在工作中取得更大成就而延长工作时间，疏远家人和朋友，这不是节制。辛苦了一个礼拜，整个周末都窝在沙发上，不出门呼吸新鲜空气或拜访朋友，这也不是节制。在一开始，找到"中庸之道"并不容易，但斯多葛主义的要义是：实践得越多，做选择、下决定就会越轻松。

刚开始和兄弟们一起创业时，我觉得自己必须得不停地工作。把所有时间和精力都投进梦想已久的事业中，为自己真正想要的东西努力奋斗，看起来是一种自律。但没过多久，我就发现自己精疲力竭、效率低下。我不该牺牲其他一切——友谊、爱情、健康、睡眠，而是应该寻求"节制"。发现这一点后，在任何情况下，我都能清楚地意识到自己所需的平衡：有时是一整天的辛勤工作和锻炼，有时是和朋友一起放松，把工作抛在脑后。有了平衡，生活中的一切都会变得更好。

勇气意味着开朗、忍耐、自信、勤奋和坚守道德原则，使你的心灵有空间面对自己的恐惧，并承受和处理困难的情绪，包括饥饿、疼痛或疲惫。爱比克泰德的老师、伟大的斯多葛学派哲学家穆索尼乌斯·鲁弗斯被尼禄流放到环境严酷的加洛斯岛时，他却赞美这是个磨炼和践行斯多葛原则的好机会，也十分享受在岛上偶尔与其他哲学家同行。你不需要找到一个遥远的荒岛来发现内心斯多葛式的勇气，但要记住，恐惧本身比几乎所有恐惧的对象都更有危害。勇气既能消除让我们丧失行动力的恐惧，也能消灭背负恐惧所产生的痛苦。我们知道，外在的力量会影响我们，但威力最大的是恐惧。新闻会反复告诉我们，世界很可怕，到处都是潜在的敌人，我们很容易感到恐慌，做出非理性的反应。但勇气能让我们不再迷茫无措，找回清晰的头脑和客观判断力，为我们指明正确的方向。拥有勇气，意味着迎难而上；尝试得越多，我们自然而然会变得更勇敢。这是一种值得践行的宝贵美德。

孩童时期的我们缺乏理解力、经验和能力。当不知所措或需要自我表达时，我们往往只能不受控制地大喊大叫或哭泣。随着年龄增长，我们（大多数情况下）知道，平静的交流能更好地满足我们的需求，经验和智慧能够让我们以更好的方式做出反应。那么，我们为什么不把同样的重点放在摆脱恐惧上呢？随着不断的成长，我试着用理智让自己远离恐惧，因为恐惧会阻止我与他人交谈、外出或尝试新鲜事物。战胜恐惧需要勇气，真正智慧的斯多葛主义者知道，尽管恐惧在我们的进化过程中十分有用，但它作为一种教导我们如何在社会中安身立命的方式，作用却不大。

最后是正义。正义可能会让人联想到，我们有责任以某种方式将法律制度引入日常生活。但同时，正义也意味着正直、公正、平等、虔诚和公平交易。这或许更容易实现。在日常生活中，我们不必多费力就能帮助他人，行善举，为所有人的共同利益（比如捡垃圾）而努力，努力做到善良、公正，不发怒。养成公平待人、乐于助人的习惯，我们就能极大改善自己的生活。想一想，要是你自发去帮助那些与你为敌的人，你会从自己身上卸下多么大的负担。不久之后，你甚至不会再有任何敌人了（无论对方是否有同感，至少你自己不会再烦恼这个问题）。斯多葛主义者认为，正义是四大美德之首。没有正义，我们就只能自利，不能利他（尽管玛雅·安吉罗可能不同意这个看法）。

现在，你是不是觉得这些美德更容易实现了？在生活中，你是不是已经做到其中一部分了？

另一种观点认为，四大美德是斯多葛主义的实用性基础。如果你的行为和反应没有基础，他人就会乘虚而入，规定你的处世方式。四大美德不仅仅是概念，更是斯多葛式生活的行动指南：

- **智慧**是分辨自己能为与不能为，以及世间善与恶的基石。
- **节制**是保持我们的做法和习惯的关键所在。
- **勇气**是依照知识和智慧采取行动的必要条件。
- **正义**对分享和传播四大美德和斯多葛哲学至关重要。

四大美德就像椅子的四条腿，共同支撑着斯多葛式习惯，使其稳定、坚实、有效。同时，四大美德也规定了"四大恶行"的具体内容，即我们在生活中应该避免的行为和选择：

- 愚昧
- 无度
- 怯懦
- 不公

四大美德是斯多葛主义的凝练表达，也是规范我们自身观点和行动，让我们走上幸福之路的便捷之法。只不过，你可能会问，到底什么是"幸福"？

总结

四大美德是行动指南，引导你向善。

让智慧、节制、勇气和正义成为你的行动之本。

第三章

幸福的喜悦

——人人平等

每天反复做的事情造就了我们。
优秀不是一种行为,而是一种习惯。
——亚里士多德

我们都希望获得幸福。我们一生中大半的时间都在以这样或那样的方式追求幸福——多玩一次充气城堡、多喝一瓶啤酒、多玩一晚上手机。比起金钱和物质，我们更想拥有幸福。这不正是这本书存在的原因吗？

　　斯多葛学派相信，有一条通往幸福的道路，清晰无误，简单易行（不一定容易，但一定简单）。他们认为，应当追求"人类的繁荣"，也就是前文所说的"幸福"。幸福不是一种通过自我关照和尽可满足自己的欲望而达到的状态。相反，幸福是通过生活在这个行动三角中而达到的，见下图：

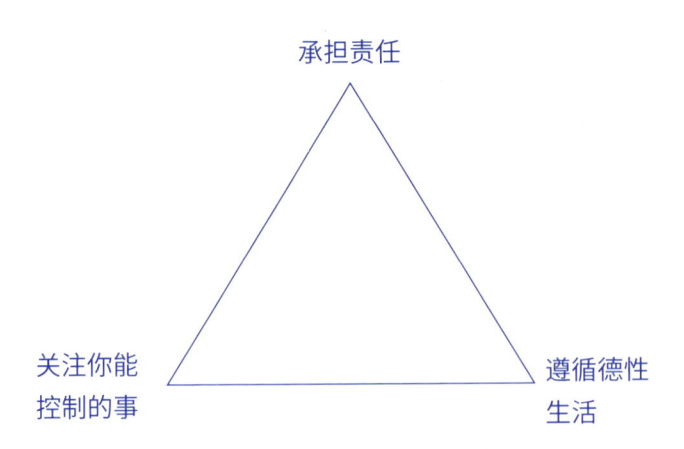

```
            承担责任
              /\
             /  \
            /    \
           /      \
          /        \
         /          \
        /            \
  关注你能          遵循德性
  控制的事           生活
```

斯多葛学派认为，只要做到这三点，你就能找到内心和周围世界的和谐，幸福感也会与日俱增。

下面来说一说这三种行动。

1. 承担责任

在生活中，我们总会遇到大大小小的困难。在困境中选择负起责任，是迈向幸福的第一步。我们是否放下了遗憾和自责？是否在必要时照顾了自己的身心？在面对世界时，是否对自己所能掌控和不能掌控的事情负起责任？由此也就引出了第二种行动……

2. 关注你能控制的事

我们将在下一章探讨我们对世界的掌控。我们几乎无法控制自己何时出生、何时死亡，患上哪些疾病、遭遇何种意外；无法控制运气的好坏、过去的际遇、重大的全球性事件和自然灾害；无法控制其他人的决定。除此之外，还有许多力所不能及之事。

我们所能掌控的只有自己的观点、行动、选择和动机，以及自身的性格。人生如此庞大且重要，对其掌控的匮乏让我们颇受局限。但同时，认识到我们所能控制和关注的事物是有限的，也是一种自由。

3. 遵循德性生活

在斯多葛主义中，卓越是指遵循四大美德，即智慧、节制、勇气和正义的结果。在四大美德的指引下，你自然而然会走上通往幸福的道路。因为通过在你（以及你周围人）的生活中培养智慧、节制、勇气和正义，你会发现伴随人类自然繁荣而带来的内心平和与幸福。

有一个经典的寓言故事，讲述了伟大的希腊英雄赫拉克勒斯抵达一个十字路口，两位女神请他在两条道路间做出选择。邪恶女神卡喀亚向他许诺了轻松、愉悦的生活，而美德女神阿瑞忒为他准备了艰难但光荣的一生。正如其他杰出的希腊英雄一样，赫拉克勒斯毫不犹豫地选择了后者，在成为半神之前，他经历了一场艰苦的斗争。这个故事告诉我们，哲学家在两千年前就已认识到，容易并不意味着更好。

可持续发展与斯多葛主义研究者凯·怀廷认为，作为斯多葛主义者，我们有责任努力实现人类繁荣的理想。佛教中有"涅槃"之说，大多被理解为摆脱轮回之苦或获得精神解脱。虽然幸福和涅槃有相似之处，但涅槃是一个目标，也许要经过几世的努力才能实现，而幸福却是一条在此刻便可踏足的道路。

斯多葛主义的幸福始于你实践三种行动的那一刻。你不必在四大美德上臻于完美，不必全然接受可控和不可控之事，不必对生活的方方面面负责。你所要做的，只有下定决心践行幸福的理念。它就像一束瑰丽的金光，并不遥远，不必花费一生去追寻。你现在就可以步入其中，并由此变得更强大。越是置身其中，你就越能更好地实践这三种行动。

只有欲望的对象存在时，满足欲望才能带来快乐；
可即便如此，快乐也可能会减少，因为欲望会增长。

> 不能依靠外在之物来获得幸福,
> 因为外在之物的消失会导致快乐的消亡。
> 只能依靠属于自身的事物,
> 比如智慧、理智、正直和对真理的热爱。
> 究其本质,这些事物无法被剥夺,它们是我们自己的。
> 依赖任何可以被给予和被剥夺的事物都是不明智的。

马可·奥勒留不仅是《沉思录》的作者,还是罗马帝国的皇帝。他拥有巨大的财富和权力,几乎不必在任何事情上自我约束。在研习斯多葛主义后,他认识到自己的地位并不比哲学先驱爱比克泰德高,即使后者在数年前就沦为奴隶。按照斯多葛学派的原则,爱比克泰德实际上更容易获得幸福,因为他拥有的财富更少。哲学家们发现,名和利会滋生放纵、贪婪和过多的诱惑,成为幸福的阻碍。奥勒留拥有的黄金、美酒、珠宝和权力多到无法想象,如此,他还会轻易地放弃节制和正义吗?然而,品格是你真正能控制的,而不是你的容貌、家庭、黄金、美酒、权力、粉丝数和点赞数。这些表面的东西更多在于运气,但你的品格是你每天都在努力并试图改善的东西。由此看来，好的品格才是真正令人钦佩的，它完全出自你的选择和行动。

从内心深处真正接纳这种观点，会带来自由。看到身家百万、亿万的富豪坐着私人飞机，住着大房子，开着时髦的汽车，还不断去热带度假，实在让人难以接受。我们怎么能和这些人比呢？真的，我们不能比，也不必比。实际上，尽管听起来荒谬，但我们其实应该为他们感到惋惜。他们过得很开心，但离幸福生活相差十万八千里。就算他们的日子再富裕、舒适，这种奢侈所要填补的又是什么呢？有哪个富人说过，日复一日毫无节制的奢侈生活让他感到更幸福、更充实、更平静了？他们和绝大多数人在收入上的巨大差距，还有获取财富的实际方式，都让人感觉不太道德。

从奢侈生活和对这种生活的宣扬中获得的"喜爱"和关注转瞬即逝，只会滋生他们对更多关注、更多奢华和更多排他性的渴望。欲望的满足只会制造空虚，因为这一切无法滋养心灵和精神。享乐不等于幸福。享乐太容易消逝，空洞无比，因此对享乐的追求也是空洞的，只能在短时间内让人感觉更好。不论是追求更大、更豪华游艇的顶级富豪,还是渴望在周末晚上极尽享受的普通打工人,对二者而言,享乐都像是坐过山车,在高点时让人欲罢不能,但在低点却令人心神崩溃,除了追求下一次享乐外别无他念。享乐是不可持续的,只有对虚妄无休止的追逐。

相比之下,我们可能会陷入超级富豪无法想象的经济困境。但从另一个方面来看,我们的内心也会更清明,在实践幸福的三种行动时更少地受到干扰。内在的平静才能带来持续的幸福。

几年前,释恒义大师在TED Talk上做了一次有关自我发现的演讲,我也因此认识了他。他在德国长大,父母是越南人。他曾在少林寺学功夫和气功。攻读了好几个大学学位后,他想继续在少林寺修炼,于是在德国奥特贝格创建了欧洲少林寺。我和他取得了联系,希望能和他一起为公司的一部电影发表演讲。

到访德国少林寺时,释恒义大师和我坐着交谈了好几个小时。他围绕心智发展、精神成长和身心合一,滔滔不绝、十分详尽地讲了好几种不同的思想流派。虽然他说从未听说过斯多葛主义,但他认为,少林派和斯多葛学派的理念大多相互呼应。在谈话间,他向我解释说,即便他身着袈裟,能言善辩,在寺内比其他人地位高,但睡觉前他也和其他人一样脱掉衣服洗澡。在我们让世人看到的表象背后,我们都只是自己的角色,内心完全平等。后来,他带我们去了寺里放佛龛的房间,里面烛光闪烁,立着一座金色的佛像,美丽异常。人们会在佛像前站成一排,然后鞠躬,把脸埋下去,念诵自己的咒语。看到这番景象后,释恒义大师对我说:"佛像只不过是塑料。这个仪式是为了提醒我们要保持谦卑,无论在社会上、在寺里地位如何,我们都得向这尊塑料制成的佛像鞠躬。"在寺庙里、在佛龛前、在少林大师身边,我们所有人都是平等的。如果一个人只想积累权力和财富,他的生活就不可能有此般平静,如此思量。事实上,抑郁、焦虑和各种形式的自残在最富裕的国家中发生率最高。精神科医师、阿片类药物成瘾专家安娜·伦伯克曾提到,世界上最富裕的国家"让我们大脑中的奖赏通路对多巴胺不再敏感"。我们不费吹灰之力就能找到美好的事物,一棵结满果实的树、一项有趣的消遣、一种新的刺激,我们因而不断调高大脑的"正常值"。在现实的神经学层面上,我们拥有的越多,就越难对所拥有的感到满意，因为我们的大脑会适应这种舒适的水平，而不会因为获得新鲜水果、进行消遣或受到刺激这类进化中常见的困难活动而"降低"。持续且轻松地获得强力的奖赏意味着："我们都变得更不幸福，更焦虑、更抑郁、更易怒，更难从先前数代人享受的事物中获得快乐，也更容易受到痛苦的侵袭。"现代科技改变了我们的大脑。从科学角度来说，现代科技会使我们更难感受到快乐。

我和两个兄弟刚开始创业时，办公室在妈妈的阁楼里，十分简陋。我们的工作时间也很长。那时我们的目标十分清晰：买下属于自己的、具备拍摄和剪辑空间的工作室。经过努力，我们最终幸运地买下了现在的工作室，然后花了很长时间把它改造成了我们想要的样子，还配备了篮球场。梦想终于成真了！一整天，我都在享受着这一切，但紧接着就感到一阵失落。经过一番努力，我们得到了想要的东西，但这却不是解决一切问题的答案。

欲望越多，你越会发现，自己拥有的远远不够。一旦陷入这种心态，就算欲望得到了满足，你也不会满意。那一天，我深刻地意识到了这一点。我曾以为工作室是让我真正幸福的万能灵药，在实现这个愿望之前，我不会感到快乐。然而，就算得到了它，我也不会快乐。无论"得到"的对象是什么，这个行为本身并不能解决问题。我们实现了目标，却失去了这个"东西"足以解决一切问题的希望。事实也的确如此，没有任何东西能解决一切问题。

> **练习**
>
> 　　在日常生活中，你认为自己在多大程度上践行了"四大美德"？
>
> - 你是否增长了自己的智慧，或引导他人更尊重智慧本身？
> - 你是否把公正和正义的增进作为日常行动的目标？
> - 你是否在工作和人际交往中，为了实现自己的目标或帮助陌生人而变得更勇敢了？
> - 你是否审视了自己的生活有无节制——享受，但不放纵；尝试新鲜事物，但不丧失稳定感？

> 如果你一周内每天都自问以上问题，你是否感觉生活发生了变化？你认为自己正在朝着幸福前进吗？

幸福并非唾手可得，

但在一小步一小步中总能实现。

——芝诺

但是，如果我永远无法实现完美的幸福，这一切又有什么意义呢？斯多葛主义和其他开悟之道的区别在于，幸福不是斯多葛主义者所追求的终点，而是一个由行动构成的三角形——我们也许身处其中，也许靠近边缘，也许在其中一个角上，也许因为深入了解过斯多葛主义或天性如此而正趋近中心。我们会犯错、会评判、会偶尔贪婪、会在不顺心的时候待人不公，但这并不意味着我们会前功尽弃。我们不必因为还没有做到完美就推识开始。这是一种实践，是每天都在养成的习惯，我们要坚持斯多葛主义的原则，将四大美德作为鼓励我们自己积极生活的工具，而不是"实现"的目标。

斯多葛主义的伟大之处在于，它不仅造福于哲学家，也惠及每一个人。它注重幸福和全人类的繁荣。它不是自爱，而是博爱。它倡导联结、教育、共情和慷慨。

我经常在网上宣传斯多葛主义，但是，在网上不可避免会收到负面反馈。有的时候，我每天都会收到有关我的工作和我本人的恐吓信息、公开消息和满怀恶意的私信。在以前，这些信息里的愤怒和批评会让我一蹶不振，好几个星期才能缓过来；可如今，我遵循德性伦理学，依照四大美德来行动，我会联络发信人，尝试理解并为他们提供帮助。如果我发现他们在这个问题上存在道德盲点——以为用这种方式给别人发信息与别人交流不会造成伤害，作为斯多葛主义者，我就有责任联系他们并提供帮助。

这个过程并不总是顺利的。但遇到困难的时候，我会把它当成一个游戏，以积极的方式解读他们的消息，满怀善意地和他们沟通，考虑对方的感受。这个方法不仅大大消解了我的负面情绪，更让我惊喜的是，许多人在回信中表达了歉意，对他们的行为做出了解释，还接受了我在发信息时采用的斯多葛主义原则。当我收到这些回复时，我很高兴自己这样做了。到现在,收到的消息越糟糕,我就越为其中的挑战而感到兴奋。消息的内容是符合事实的吗?我能帮他们排解负面情绪吗?一件曾令我厌恶的事情如今变得充满了乐趣。

> 过去的经验告诉你,
> 你四处找寻,却终未获得的美好生活,
> 并不在逻辑、财富、荣誉或享乐之中。
> 那美好生活从何而来?
> 在于顺应人的本性。
> 该如何做呢?
> 要用原则约束自己的冲动和行为。
> 是哪些原则呢?
> 即善与恶的原则——
> 让人变得正义、自制、勇敢和自由的就是善的,
> 让人走向如上美德的反面就是恶的。
> ——马可·奥勒留

人是一种奇妙的生物,却常常未能意识到自己所蕴含

的智慧、力量和潜能。斯多葛主义认为，我们在心理、情感和精神上所需的一切都源于我们的内在。

实际上，我们想要的是对自己有益的东西。就算会对糖、酒精等过量即有害的事物产生渴望或成瘾，但我们的心灵其实总在寻找一条符合四大美德的中庸之道；当我们着力践行智慧、节制、勇气和正义时，几乎所有人都会觉得自己处于最佳状态。总会有外界的压力和干扰使我们偏离幸福，但我们仍有选择的自由：是选择一条积极的道路，通过我们的行动让自己和周围人的生活有所改善，活在当下，并享受每时每刻，还是走上一条罪恶的道路，充满愚昧、不公、怯懦和无度。

斯多葛学派认为，善即四大美德，恶即四大恶行，其他一切都是中立的，可以在行动中贴合美德或恶行。因此，财富本身不是恶，善恶取决于财富的获得、保存、积累和使用方式。同样，健康并不一定是善，一个可怕独裁者的健康算得上善吗？一个年迈的亲人，虽身体强健，但智力衰退，他不想再如此苟活于世，这是善吗？智慧、节制、勇气和正义没有极限，对所有人来说都是正面的。如果每天按照"幸福三角"来行动，习惯就会让我们更趋近美德。即便一切都遭剥夺——钱财、名誉、工作、家人、住所，我们仍会抱有这些习惯，仍有选择幸福之路的自由。所以说，我们生活中的诸多方面和中立事物都可以趋向善或恶，这取决于我们决定如何使用它们。

"良好生活"意味着每一天都是通往积极状态的路径。它不是一场奔向终点的竞赛，而是让生活变得更好、更幸福的路线。这不正是我们所有人的愿望吗？

练习

想一想站在十字路口的赫拉克勒斯，你该如何走上美德之路？

以手机为例。如果把使用手机的时间减少一半或更多，一天、一周、一年后，你的生活会有什么变化？

如果现在你能看见十年后的两个自己，一个选择了享乐之路，另一个踏上了幸福之路，你能马上说出二者间的区别吗？你觉得会有哪些区别？

选择遵循美德，一天之后，你在感受上会有何不同？

总结

在斯多葛主义面前,人人平等。

在"幸福三角"的三个端点内生活,即承担责任、关注你能控制的事、遵循德性生活。

探索能促进我们自身和他人蓬勃发展的道路。

第四章

我真的什么都做不了

——斯多葛派眼中的混乱世界

我们很轻易就会觉得，世界是混乱的。新闻发生的速度比报道的速度更快；重大事件的发生似乎不受人的控制；无时无刻不在更新的互联网和社交媒体，让我们觉得自己永远无法把握一切。我们的大脑高速运转，每天接收的图像和文字比之前一周甚至一个月的还要多。我们可以和世界各地素未谋面的人建立联系，却只通过视频聊天和身边的家人交流。

　　但在两千年前，斯多葛学派的哲学家就已经知道，混乱只是人的感受。我们可以选择接触或不接触周围的一切。作为斯多葛主义者，你会受到"amor fati"的感召。这个拉丁短语的大致意思是"命运之爱"，即我们无法改变发生在自己身上的事，所以不妨充分利用它。这是斯多葛哲学的核心原则，世界自有其运行规律，人的选择几乎无法改变任何事。

我们能掌控的事情：

· 观点和偏好；

· 行动和选择；

· 欲望和动机；

· 自己的性格。

我们无法掌控的事情：

· 过去已发生之事；

· 他人所做之事；

· 自然灾害和意外；

· 他人的决定；

· 其他所有外界的事件、情况和场合。

乍一看，这似乎令人恐惧或沮丧，但仔细想来却使人宽慰。美国大文豪马克·吐温曾说过："我一生中有很多烦恼，其中大部分都从未发生。"你曾有多少次为某件事担忧？但最后，它要么像你担心的那样糟糕，要么没你担心的那么糟糕？担忧是否减轻了你的痛苦？还是说，为自己不能控制的事发愁反而让你备感痛苦？知道什么是你不能掌控的，你就可以把精力放在可以掌控的事情上。

以下是三种看待"命运之爱"的方式：

你对自己的思想有控制力，而不是对外部事件。
认识到这一点，你将找到力量。

——马可·奥勒留

驾驭不了外界，就驾驭自己；
外界不适应我，我就去适应外界。

——米歇尔·德·蒙田

人类担心的不是现实问题，
而是想象中对现实问题的焦虑。

——爱比克泰德

练习

列出你最近担忧的事情。

_____

_____

_____

_____

> 你的担忧对你是有帮助还是有害的？
> 如果你接受事情会按照宇宙的安排发生，这将赋予你的心灵和情感何等的力量？

在斯多葛主义里，我们讨论"共鸣"这一概念，即我们因本性和存在而彼此相连，并且我们作为一个更大的单一整体而存在。不管你如何理解这种说法——是命运、是上帝的安排，还是宙斯的旨意，不管你用哪一种哲学或宗教来解读它，其核心思想都是一个很简单的观念：接受生活的真相，然后平静地活着。虽然在斯多葛主义里，我们也会提到神明、上帝或命运，你或许不相信这些东西，但这并不能改变一个事实，那就是明天早上醒来，我们可能会发现天气很冷，还下着雨；无论你相信是神让雨降下，还是全球一系列复杂的天气模式导致了降雨，事实就是正在下雨。它已经发生了，你能做的只有接受现实，并明白事情只会按照它们实际发生的方式发生。

有一句话常被认为是芝诺所说："当一只狗被拴在车上，如果它愿意跟随，它就会被拉着走，自发行为和必然性因此重合。如果狗不想跟着走，它无论如何都会被强迫。人也是如此：就算不愿意，也要被迫追随命运。"

那么，今天的我们该如何决定自己的行为呢？我们该从受迫的情况下脱离出来，开始自己走吗？既然无法让车停下来或放慢速度，不管承认这一点有多难，跟着车前行又何妨？斯多葛学派的第三位领袖克利西波斯曾把我们受命运支配的生活比作圆柱体和圆锥体。践行斯多葛主义、追求四大美德的人是圆柱体，会顺应生活的际遇走下去，体验新鲜事物。反之则是圆锥体，即便受到神明或命运的推动，也只能在原地打转，既体会不到新事物，也感受不到进步，不明白为什么真正的改变从未发生。

一旦接受我们对世界的控制极其有限，那么我们就可以通过练习，对世界的既定事实心存感激，转而关心自己有能力掌控的一小部分事物。世事如过眼云烟，但我们可以控制自己的品格和选择，过上德性的生活。芝诺一生的财富在船倾覆的瞬间化为乌有，他当时并没有想到"命运之爱"。这是人性的基本面向，我们可以选择在自己身上把它发扬光大；我们必须做出切实可行的选择，接纳斯多葛主义的朴素思想，它将以多种方式改善我们的生活。

我们不必随波逐流，而是可以利用这个世界，发展自我，有所成长。事情每天都在发生，还不等我们准备好，就落在我们头上。只不过，如果你把生活当作钉子和木头、砖块和螺丝这样的原材料，就可以有意识地做出选择，或是在这些东西向你袭来时退缩逃避，因为你会被砸得遍体鳞伤；或是利用这些材料构造自己的生活。如果你选择远离这些材料，你不仅会错过创造新事物的机会，还会让它成为前进路上的阻碍。就算你有意忽视和回避它们，它们也还是会绊倒你或伤害你。

焦虑是真实存在的。我过去深受其害，还接受过治疗。但焦虑会在多大程度上产生影响，取决于我们自己。当我专注于自己力所能及的事物，忧虑就会减少，我的头脑也变得更灵敏、更清晰。我不再在恐惧或惊慌的裹挟下行动，不再幻想掌控一切，而是着重于真正重要的事物——我的思想、感受和行动。作家卡迈勒·拉维坎特曾说过："我们的痛苦和煎熬大多来自对现实的抗拒。生活就是如此。拒绝接受生活本来的样子，我们就会受苦。接纳生活，向生活俯首，然后问自己：'好吧，我接下来该做什么？'这才是力量的源泉。"接受事实，停止对真相的抗拒，那才是真正的战斗，真正的战斗不是和世界战斗，而是内心的斗争。因为无论我们对世界作何感受，它都会滚滚向前。我们只能在内心，以自我、阅历和偏好来对抗不顾一切的世界。

在日常生活中，我们大多数人会因为某些事件和行为而产生心理波动，这些事件和行为在没有经历过的人看来可能微不足道，但我们的生活却会因此变得不愉快、不安甚至难以忍受。比如，通勤途中有人外放音乐，携带气味大的食物或大声说话；健身房里有人乱丢毛巾，霸占器材不让他人使用；街上有人走得太慢，或在拥挤的人行道上拖着行李；有人付钱的时候花很长时间找银行卡，或站在柜台前犹豫该点什么。光是想想这些情形就让人"压力山大"。

就像很多事情一样，斯多葛主义也探讨过这个问题。爱比克泰德在他的学生编撰的斯多葛主义指南《手册》中曾说过："如果你打算从事任何活动，请谨记该活动的本质。如果你打算去洗澡，想象一下澡堂里会发生什么：四溅的水花、拥挤的人群，还有责骂、偷窃。"即使在公元2世纪希腊的公共场所，惹人讨厌的行为也随处可见。毕竟人性如此，我们总是被彼此的习惯所困扰。但是，我们能不能想办法让自己不恼火呢？如果我们每天早上起床时都能意识到人们令我们困扰的原因，我们的生活会有多大的改变？

这并不是要我们忽略不喜欢的习惯，也不是要以更糟糕的方式行事，因为作为人性的一部分，所有行为都应该是可以接受的。相反，如果我们每天都做好心理准备，接受这些事情无论在过去还是在未来一直都在发生，接受我们对它们的愤怒除了让自己不愉快之外别无他用，我们能以多么不同的方式体验每一天的每一刻。在这种时候，我们的自我意识和"正确"意识受到了干扰，这让我们感到不安：这不是我们会做的事情，也不是我们认为正确的事情。但要是在走进咖啡馆前就做好了心理准备，知道自己会遇到大声喧闹的人、点单慢吞吞的顾客、偷钱包的小偷，这些外界行为就不会再让我们感到烦恼了。

在欧洲少林寺，我和释恒义大师也谈到了这个问题，讨论了当陌生人的行为与你的道德和信仰所规定的"正确"不一致时，会有多么令人不安。他问我："你生命中最亲近的人，他们的行为有时会让你感到惊讶吗？"我思考了一下，给出了肯定的回答，我的另一半时不时会让我觉得惊奇。他又问："还有其他关系亲密的人，他们的言行是否也会让你吓一跳？"我再次表示同意，家人和多年的好友也会做出让我意想不到的事情。大师看着我，问道："那你为什么会对完全不认识、不了解的陌生人的行为感到不可思议呢？"我之前从没有这么想过。显然，我们的际遇不可能和自己的想法、选择、偏好和习惯完全相符，要是真这么想，到处都会是令人不安和烦恼的压力了。

马可·奥勒留在《沉思录》中说道："要是为无花果树上结出无花果而惊讶，就太荒谬了。要记住，是什么树，就结什么果，天理如此，并无惊奇之处。"世界一如既往，这些行为也不新鲜，我们本不该如此烦恼。但是，我们的反应方式却像是对此毫无心理准备。

我们内心的想法似乎是做事的"正确"的方式。但这种"正确"不是必然的，只是目前对我们来说是正确的。如果我们能够接受这一点，并理解每个人内心世界的"正确"方式与现实中千千万万人做出的不同选择之间的冲突，那么这种冲突就会消失。我们不再为差异而烦恼，而是专注于在充满外部压力的世界中保持自己的个性，摩擦因此不复存在。我们无法决定他人的行为，只能选择自己的反应。

> 不求事事如意，但求事事如是，
> 你的生活就会一帆风顺。
> ——爱比克泰德

"塞翁失马，焉知非福。"好或坏都不是客观的。我们必须接受现实，不为任何事情过分喜忧，因为命运的下一步无从预测。礼物不总是好事，麻烦也不总是坏事。接受，就是应对一切的方法。

> **练习**
>
> 上帝视角
>
> 坐在一个舒适的地方，闭上眼睛。想象自己的房间，然后是你的房子或公寓，然后是整条街道。不断拉远视角，想象你所在的地区、国家、大洲，然后是地球、太阳系，尽可能地想象宇宙的全貌。
>
> 沉浸其中，看看自己是多么微不足道，我们不过是宇宙中的一粒尘埃。天地万物中的绝大多数永远不会知道我们的生死，多少问题只是一时的小插曲和抱怨而已。你能否更客观地看待困扰自己的事情呢？

刚开始创业时，我和两个兄弟在妈妈的阁楼工作，不确定能否成功，也没有收入。我们经常因压力过大而偏头痛。在这个有七个兄弟姐妹的忙碌家庭里，工作时长和压力让我们感到不适，手上的任务总是很难完成，有时觉得难以承受。但是，我们每天都会抽出五分钟的时间，在一个安静的角落做这项练习。它总能让我们正确看待我们的奋斗。那些几近不可能完成的任务，其实只是我们在自己所选道路上迈出的一步。能走上这条路，我们是幸运的。

如果我们不能抵达自己想去的地方该怎么办？或许我们已经努力工作了，却没能如愿买房、度假，没能获得让自己快乐的东西。第欧根尼是知名的犬儒学派哲学家，也是斯多葛主义的思想先驱。他因赤身裸体住在集市上的一个大酒桶里而闻名，并以简朴的生活来批判他眼中的腐败社会。他唯一的财产是一只木碗。有一次，他看见一个男孩用双手捧着喝水，顿时感叹道："我真是傻瓜，一直带着多余的东西！"有一个故事说，历史上最大帝国之一的缔造者亚历山大大帝曾拜访过第欧根尼。亚历山大很高兴见到这样一位备受赞誉的哲学家，主动向身无分文的第欧根尼伸出了援手，询问该如何帮助他。第欧根尼回答："别挡住我的阳光。"亚历山大接着说："如果我不是亚历山大，我希望成为第欧根尼。"第欧根尼又答道："如果我不是第欧根尼，我也希望成为第欧根尼。"第欧根尼明白，就算亚历山大是世界上最富有的人，统领千军万马，仍有欲望在驱使着他；就算他财富加身，权力巨大，他始终不会满足于自己的成就和宇宙所馈赠的一切。但是，赤身裸体躺在酒桶里、用手捧水喝的第欧根尼，只想在阳光下打盹儿。他已经拥有了渴望的一切。

更何况，我们又怎么知道什么才是对的呢？有时得不到你想要的东西才是幸运的。我们就像寓言里的农夫，说不清孰好孰坏。祸兮福所倚，福兮祸所伏。就算事情的发展并未出乎意料，但困难会让我们成长，让我们变得更加坚韧。加缪曾说："在隆冬，我终于知道，我身上有一个不可战胜的夏天。"陀思妥耶夫斯基也说："黑夜越深，星光越亮。"两千年前，哲学家塞涅卡已认识到了困境之于人生的意义。他写道："从未面临逆境的人最不幸，因为他无法证明自己。"人生中的幸福和苦难同等重要。二者都不是恒常之态，而我们可以在其中磨炼自己的品格，完善自身。正确的视角是，得不到想要的东西其实是一件好事。假若你正身陷困境，请谨记这一点。

斯多葛主义的心态就是对发生和拥有的一切善加利用。既然无法掌控外界，我们就必须接受当下，尽力而为。过去已经过去，无可改变；未来尚未到来，亦无可作为。我们每天可以花上几个小时来担心这些事：我们犯过的错误，我们拥有的遗憾，我们本可以做出的不同选择，我们可能面临的困难，我们可能遭受的损失，我们可能会经历的羞辱。但这些事情都不是"真实"的。遗憾是我们把过去的错误拖入未来的一种方式，而恐惧则是我们想象中需要感受的痛苦。

过去和未来都不会因我们所能掌握之事以及我们当下的行为而受到影响。因此，我们可以接受它们，按照斯多葛主义的原则来生活，或继续为那些在现实中没有实际意义的事物而痛苦。

未来毫无定数，活在当下。

——塞涅卡

记忆是可以塑造的。曾有多少次，一个新认识或新发现让你对一段记忆有了不同的看法——获得新知识后，甜蜜变成了苦涩；对情况了解得更深入后，一段不愉快的回忆变得不再难以忍受？事件本身没有变，改变的只是我们对它的感受。那么，我们为什么要沦为记忆的人质，为已经过去、无可改变、客观上不受控制的事情而痛苦呢？为什么不认清感受的本质，不再把痛苦当作不以人的意志为转移的宇宙真理呢？

未来同样让我们不知所措。工作、朋友和家人，希望和计划，还有每天新闻里播报的冲突和困境，这些让我们承受了多大的心理压力？要是对未来的恐惧和焦虑压倒了我们，还有"美好"生活可言吗？为什么不承认这些焦虑都不是"真实存在"的呢？事情既有发生的可能，也有不发生的可能。在很大程度上，我们的所作所为不能改变世界的走向。我们既可以受想法的支配，也可以拥抱斯多葛主义的"命运之爱"，活在当下。

现在看来，这似乎很难实现。人怎么可能对战争或气候变化这种严重问题视而不见呢？答案是，你不必对其视而不见，而是应关注你当下所能做的。古往今来，世界各地的人即使身处困境，也仍对他人表现出非同寻常的仁慈和善意。悲痛强烈地提醒着我们，我们所给予的爱有多深沉，这份爱又是如何塑造了我们自身——毕竟，你想让所爱之人余生都带着难以抑制的悲痛怀念你，还是随着时间的流逝为认识你而感到庆幸、欣喜？当下的痛苦并不会阻碍生活的美好。

那么，如何从接受现实，变成为之欣喜，完全拥抱"命运之爱"呢？

有三个关键：

· 迎接挑战和困难，将之视为成长和发展的机遇；

· 放下过去的遗憾，充分利用当下；

· 学着对所经历的一切充满感激。

万事开头难，每天练习这三个方面，就会逐渐变得容易。失败不是放弃的理由，失败是学着以新的方式生活的一部分。练习得越多，这种思维方式作为习惯就会越巩固——养成感激、接纳现实和把握机会的习惯，我们就会以不同的眼光看待整个世界。

总结

粗鲁的人总是存在的，你不必惊讶或困扰。

接受宇宙本来的面目，生活就会顺利起来。

一章

若无瑕疵，无须修补

——控制与失控

有些事情是我们力所能及的，而有些事情则不然。前者包括观点、动机、欲望、厌恶，即自身所为的；后者包括身体、财产、名望、职位，即外力所致的。

——爱比克泰德

斯多葛主义的乐趣之一在于，所有的原则都能融会贯通，相互促进，完美结合。但"控制"与"失控"的概念，算得上是斯多葛主义的内核。它是把其他所有理念融合为一体的关键。

"控制二分法"很简单，有些事情在我们的控制范围内，有些则不在。我们越是试图掌控自己的生活，对生活的掌控力反而会越弱；我们越能意识到自己的掌控力有限，挣扎和忧虑才会越少。我们尽力掌控自己的境况和生活状态，但却没有发现自己的目标、计划和抱负只存在于头脑之中，不具备任何现实意义，只是我们内在叙事的一部分。这些东西看似在生活中最为紧要，但却无法产生任何影响。无论我们想象中的"应然"是什么样的，生活都在继续。

有一种对"控制二分法"的批评认为，斯多葛主义会让那些遭受失败的人，尤其是那些试图掌控超出自己能力之外的局面的人，陷入自我责难，认为自己在生活上"失败了"。事实并非如此，斯多葛哲学远比这更宽容。斯多葛主义者知道，控制并不意味着全然驾驭。我们依照四大美德，尽可能地运用理性，来调整自己的欲望、观点和控制力。但我们也明白，理性和谬误都是人类的天性。关键不在于认为自己是个失败者，而是认识到生活是一项挑战，需要我们去接受这个事实，并享受其中乐趣。放下对外界的控制，学习对自身的控制，是一项终生的修习。

我在网络上分享得最多的一句话是："在雨中，你既可以跳起舞，也可以生闷气；无论如何，雨都会接着下。"其中的含义显而易见。生活充满选择，而不是控制。只有接受这一事实，利用这个机会做出积极的选择，我们才能找回生活的安宁。我们唯一能控制的是自己对生活的反应。

我们总觉得自己能掌控生活的方方面面，但这只是错觉。比如，你想要改善健康状况，可以去健身房。但去健身房也可能导致严重受伤，又得休养好长一段时间。也许你也可以吃得更健康，但可能要花更多的钱。那么，你就要更努力地工作或换一份工作，挣更多的钱。这是你可以控制的，不是吗？是的，但你无从得知更高强度的工作或新的工作岗位会不会造成巨大的压力，以致让你无法继续工作，从而陷入更困难的经济状况。建立声誉也是如此。你可以通过很多方法在网络上或你所处的地区让自己声名远扬，但代价是什么呢？有人可能会出于妒忌，对你加以诋毁，这是无法控制的。你的声誉很可能比刚开始时还差。

这并不是要你做最坏的打算，而是让你认识到："控制"的感觉并不真实，它只是建立在外部事物基础上的幻觉。人生起起伏伏是常态，每一步都有太多的变数，因此，你无须坚信自己能够完全掌控生活。疾病、意外、他人的行为完全不受我们控制，无论我们做什么都会发生。

斯多葛主义并不是要全然掌控自己的生活，而是谨记"命运之爱"。以下是我们能够控制的少数几样事物：

· 观点和偏好

· 行为和选择

· 欲望和动机

· 自己的品格

这些并不多,不是吗?

> **练习**
>
> 生活中的一些事情可能让你备感压力,充满忧虑。也许是一件大事,一个全球性的事件;也可能只关于你,比如工作汇报或和朋友外出旅行。
>
> 拿出一张纸,画出两栏。左边一栏的顶部写"我能控制的事情",右边一栏的顶部写"我无法控制的事情"。想一想困扰你的问题,尽可能符合实际地填写这两栏。(不要试图对自己无法控制的事情负责。)
>
> 你无法控制的事情清单有多少?你能控制的事情看起来是否显得更容易应对了?
>
> 现在,把注意力集中在你可以实际控制的一小部分事情上吧。

有时候,沉浸在"无关紧要的事"里的感觉很好。刷着手机,浏览新爆出来的明星丑闻或八卦,似乎很有意思。但不知不觉中，我们会对其遭遇和行为产生强烈的看法，对那些不认识、不大可能碰面甚至不会受到其直接影响的人产生真切的情感。同样，我也不能理解疯狂的球迷。他们要么因球队的行为而欣喜若狂，要么痛苦不堪，甚至一连好几个星期都愤怒不已。球迷的怒火并不会对比赛产生丝毫影响，但他们却任由自己的情绪和生活被远非自己所能控制的东西左右。

我们总想掌控一切，交通、天气、他人对我们的看法，每天把许多精力和注意力投注在努力不能改变的事物上。我们把生命中99%的时间浪费在这些事情上，用来思考过去和未来，让外部事物成为注意力的归处和驱动力的来源。无论我们作何反应，这些事件总会发生，过去会发生，未来会发生，一切都会继续下去，与我们的想法无关。这就好像我们站在海里，试图击退海浪，疑惑为何已经精疲力竭，却什么都没有改变。

事实上，我们所能掌控的少数几样事物都有一个共同点，它们都是内在的，在我们的思想和身体里。当我们接受内在能量才是最重要的，我们的观点、行为、动机和性格才是我们唯一能控制的那一刻，我们才真正获得了对生活的控制权。这种领悟就像超能力，就好像突然有人告诉你，你可以多99%的精力和注意力，你的成长和进步会更加迅速；你的忧虑和精神负担会更少。这难道不是一个人人都想要的结果吗？

斯多葛主义就像人生的作弊码。与其为了喧闹而喧闹，为了忙碌而忙碌，为了兜圈子而兜圈子，不如让我们走一走、停一停、看一看，放松地呼吸和聆听声音。别怕无聊，放弃控制，享受由此而来的自由。

> 问题不在于外在事物本身，而在于你对它的判断。
> 你可以立即改变这种看法。
> ——马可·奥勒留

现代生活存在一种倾向，即希望所有事情马上完成，取得成就，对实现目标的过程毫不在意。这就是所谓的"目标成瘾症"，即认为实现目标才能变得幸福。就算还未实现，但正在向目标靠近，我们只需要做X、Y和Z（或者更现实一些，我们只"需要"从A、B、C开始，直到Z才能停下）。

为了满足实现目标的欲望，我们更加渴望控制——控制体力、精神状态、进展，甚至成长和衰老的生理过程。明知道身体需要时间才能完全恢复，但我们却在生病后只休息一两天就匆匆忙忙地回到工作岗位。明知道只要照顾和关爱身体，身体就会顺利运转工作，但我们却要买补品来加速这个过程。现代生活要求我们加快脚步，匆忙前行。那么，我们又能多快地把握自己无法控制的事物呢？

对我来说，理解"控制二分法"的过程十分缓慢。当然，我不愿丧失任何控制权——如果我不再如此专注于每一件事，我又如何获得成功呢？放弃控制权，接受我的生活不由自己掌控，似乎是软弱的表现。

这需要练习。首先，我尝试去识别自己何时感到沮丧，并让引起我沮丧的经历冲刷而过。如果我被堵在了路上，并不意味着落后或被耽搁，这反而是一个坐下来观察世界的机会。我想起之前听过的一个故事，有一群人被困在铁路道口很长时间。这时，一列超长的火车正好驶过。大人们都怒气冲冲，但人群中的一个孩子却转过头十分惊喜地对母亲说:"哇!这列火车好长呀!"

我们每天都有这样的机会。经过拆解,其基本形式如下:

问题	好处
遇到堵车	有更多的时间听音乐或观察世界
碰见不礼貌的人	趁此机会展现对他人的共情
把饭烧煳了	用剩下的食材尝试新菜式
没有抢到票	尝试平时不会做的事情
假期安排被迫取消	完成之前没空着手的待办事项
未被项目组选中	有更多的时间为项目提供场外支持

我们可以回顾生活中的"糟糕"时刻,并从中体会我们的收获。伴侣的离开,让我们有机会进入更好的关系,并意识到目前的关系所造成的伤害。上司薄待、工资微薄迫使我从上一份工作辞职,但我因此发挥了自己更大的潜能。即便是亲人的离世,有时也能让一个家庭团结起来。

被堵在路上是既定事实,愤怒也无济于事。我们可以听听歌,和车上的其他人聊聊天,或者透过车窗观察世界。有清洁工作要做是既定事实,与其草草了事,赶忙去做自己"真正想做的事情",还不如利用这个机会,沉下心来，尽最大努力，仔仔细细地把清洁工作做好。最近，我的花园里有些活儿要完成。有人主动提出帮忙，以便早些完工。但是，这就违背了工作的本意。我不该只重效率，只为把这件事抛到脑后，匆忙地奔向下一件事。乐趣在于工作的过程，在于品味其中的点点滴滴。我不想染上"目标成瘾症"，只想仔细咂摸生活的滋味。我很感谢有人主动帮忙，但我还是选择独自完成这些任务，因为我享受过程中的每时每刻。有谁愿意在回顾一生时，为在家务和杂事中"浪费"的时间斤斤计较？当我们正确地对待每一项要完成的任务，感受就会大不相同——它并没有剥夺我们的时间。我们沉浸在完成工作的过程中，享受了其中的每时每刻。

如果把人生看作一条线，一端是出生，另一端是死亡。那么在这条线上，会发生各种各样的事情，把我们引向不同的方向：

出生是最初的时刻,死亡是最终的归宿。又何故匆忙?中间的曲线才是真正值得体验的,此外一切都不属于我们的生命。匆匆岁月,等待我们的只有存在的终结,不知何时就会到来。有时候,我们会和朋友展开一场愉快的、值得铭记的对谈,或是让你泪流满面,或是让你笑得肚子痛。这没什么深刻的意义,但在这样的谈话中,我们会沉浸其中,开怀大笑,分享经历。和朋友相聚不是为了尽快结束谈话,是为了感受那一刻的真谛。至于音乐,总有高低起伏。交响乐如此美妙,声音如此迷人,直抵人的灵魂。只有一个音调的歌曲不会给人带来任何乐趣。同样,生活的快乐来自跌宕起伏,来自每一个变化和我们对变化的反应。

作家、"哲学艺人"阿伦·瓦兹曾把人生比喻成一场舞蹈,"跳舞时,你并不打算抵达某个地方"。关键在于旅程,而非目的地。

斯多葛主义者认为,任何事件都有三个部分:

- 认知
- 评估

· 行动

在任何特定事件中，我首先对发生了什么形成认知，然后采取行动作为反应。中间还有评估的步骤。在这个转瞬即逝的时刻里，我们会做出价值判断，并自问"这对我有什么害处"。斯多葛主义者认为，经过训练，我们可以把这个问题换成"在这种情况下，我怎样做才是最好的"。通过培养这种习惯，我们就能更游刃有余地控制自己的行动，把评估的时间尽可能延长——可能是从一数到十，在愤怒中留出空间，客观地审视局面；或是通过第三人称视角来理解，如果我们在情绪冲动下陷入争吵，我们所说的一切都是情绪化的，并不会让情况有所好转。

如果你曾遭遇某种意外，你就会知道，在不好的事情发生后，我们往往会对其有一定认知，下意识地评估其糟糕程度，然后在未经深思熟虑的情况下，对我们想象中的其他可能性和犯错的一方做出反应。与此相反，斯多葛主义的方法要求对事件有更清晰的认知，做出更符合事实的评估，在力所能及的范围内做出反应，避免惊慌失措。下次碰到意外时，不妨试一试这种方法。

我每天都会遇到形形色色的挑战。现在，我将生活视作一场游戏。每当遇到难题，我就会提醒自己，这是一个做出明智选择、提升自我"等级"的良机。作为回报，我不仅锻炼了自己的品质，也为世界贡献了自己的力量。我无法控制他人的行为，无法阻止他们的无礼、自私、负面情绪和攻击性。但我可以主宰自己的行动。随着不断的训练，这些习惯会变得越来越自然。起初，这可能并不容易，但既然是游戏，我就可以一步一个脚印地前进，从逛超市的一次经历、一次短途旅行或一次单程通勤开始。

练习

下次若有人表现出不友善、不礼貌，或以令你不适的方式行事，请想象自己正在参与一场名为"斯多葛主义"的角色扮演游戏。这个游戏的目的在于锤炼你的品格，要求你依据斯多葛哲学的四大美德来指导自己的行为。例如，在排队时，如果有人插队到你前面，斯多葛主义者会如何应对？在这个游戏中，积累分数的秘诀就是遵循这四大美德。虽然在现实生活中你可能不会这么做，

> 但在这里,你是在"斯多葛主义"游戏的框架下行动!
>
> 每次外出都可以视作一次游戏任务,也是积累品格分数的良机。尝试几天,你可能会发现自己在不知不觉中变得更加耐心、客观和富有同理心。你觉得这个想法如何?

东西不是越多越好,是越少越好,砍掉无用之物。

越接近本源,浪费就越少。

——李小龙

李小龙说的不只是武术训练,还有生活。这句话的要义和斯多葛主义原则不谋而合。在"控制二分法"中,你要摒弃所有自己无法控制的东西,剩下的就是本质:生活的真正内核。在这里,你可以践行四大美德,让自己和周围人的生活变得更美好。如此一来,生活不仅会变得可控,而且令人愉快。

许多人觉得,心理治疗可以或已经帮助我们找到了更容易驾驭和享受生活的方法。认知行为疗法是一种广受欢迎的谈话疗法，以改变思维和行为方式为基础，全世界有数百万人受益于此。它其实源自斯多葛主义。你可能听说过神学家雷因霍尔德·尼布尔（Reinhold Niebuhr）在1934年写下的著名的《宁静祷文》：

上帝，

请赐予我平静，

去接受我无法改变的。

赐予我勇气，

去改变我能改变的。

赐予我智慧，

分辨两者的区别。

在此基础上，心理学家阿尔伯特·艾利斯（Albert Ellis）结合了当代斯多葛主义观点，创立了理性情绪行为疗法。这是认知行为疗法的前身。艾利斯认为，我们的情绪障碍并非由外界事件导致，而是因个人对这些事件的非理性解释所引发的。这个观点和爱比克泰德的名言不谋而合："生活的首要任务是辨别和区分事物，明白你所能控制和不能控制的。"马可·奥勒留也曾写道:"消灭受伤害的观念,受伤害的感受就会消失。消灭这种感受,伤害也就消失了。"仔细审视局面,不要把注意力放在受到的伤害上,而是要去关注可能的解决措施,并从中吸取教训,甚或对他人施以援手。这是一个和他人建立关系的机会,也能证明斯多葛主义改变的不止我们自身的生活。在利用斯多葛主义原则进行短期治疗上,认知行为疗法效果出众,但斯多葛主义作为一种人生哲学,可以让更多的人永远受益。

每日清晨对你自己说:

我将遇到好管闲事的人,忘恩负义的人,

狂妄无礼的人,不诚实的人,善妒的人,乖戾的人。

他们之所以如此,是因为不能分辨善恶。

而我见过善的美好,也见过恶的丑陋,

我知道那行恶者和我本性相同……

我们生来要相互合作,

如双足,双手,一双眼睛,上下排的牙齿。

——马可·奥勒留

如果我们回顾一下本书的开篇部分，芝诺在海难中失去了所有财产，我们就会发现那时的他已经是一个斯多葛主义者了。他并未为此烦恼或哭泣，反而选择去寻找答案。船已经沉了，事情已经发生了，但他却拥有了一个去了解人在这种境况下该如何应对、如何获得幸福的机会。

在第三章里，我谈到自己每次上网的时候都会收到负面评论，我很快就意识到我有两个选择：一是关注这些评论及其引发的感受（刚开始非常糟糕）；二是思考如何回应，运用斯多葛主义让评论者更了解斯多葛哲学。我无法控制他们的评论和别人对我的看法，但我可以选择与之"合作"。最近，有人评论说我的发型看起来很丑。要是在以前，我肯定会因此慌了阵脚，匆忙跑去理发（要是有勇气出门的话）。现在，我会把这当作一个机会，向他人普及他所缺乏的知识。我拥有选择的主动权。

几年前，我和两个朋友开着一辆便宜的、车况很差的车横穿新西兰。车的垫圈坏了，我们也没钱修理，只能每走8千米就停下来，在湖泊、河流或车库里取水给发动机降温。两个朋友很快就厌烦了，想把车抛下。但我用车载收音机放了一首好笑的歌，大家很快就笑成了一团。这件事给我们所有人留下了美好的回忆。我们虽无力控制车辆的状况，却可以选择如何应对、如何对待这次旅行。不久之后，我们幸运地遇到了一对夫妇，他们开车送我们到了目的地。如果垫圈没坏，如果我们三个没有为此烦恼、争吵，他们会这样爽快地伸出援手吗？大概不会。

我还没有完成斯多葛主义的修行，因为我只是个普通人。不过，让我释然的是我并不孤单，即便是马可·奥勒留本人也不能完全遵照斯多葛主义原则来行动。我们可以从《沉思录》中看到这一点。这本书本来是马可·奥勒留的个人笔记，他显然在控制自己的脾气方面遇到了问题。这可是有史以来最伟大的斯多葛派哲学家之一！他的儿子也不太省心。自奥勒留成为史上最成功、最受人称颂的罗马皇帝之后，他残暴而堕落的儿子康茂德引发了货币贬值，制造了大屠杀式的角斗表演，终结了罗马帝国的辉煌。当时按照传统，皇位继承人是由皇帝选出的。马可·奥勒留为自己的儿子赌上了一切，为他找来了最好的老师，让他接受了最好的军事训练，把帝国所有年轻人可享有的最好的机遇都捧到了他面前。他以为，凭借自己的技艺和智慧，以及他儿子的血统，他能够打造出另一位伟大的君主。即便在临终前，他也说："去迎接冉冉升起的太阳吧，我已日薄西山。"他希望所有廷臣去关心他的儿子，还有他儿子即将创造的未来。

只不过，马可·奥勒留失败了。即便是他，用尽所有可支配的资源，掌握如此渊博的知识，也没能把康茂德培养成他所期望的样子。或许他太想成为一个伟大的人，忘却了真正的奋斗目标是"善"。孤独和统治只是力量的假象，真正的力量其实是联结，是内在的生命。作为帝国的统领者，马可·奥勒留的斯多葛主义让他成了追求幸福的最伟大之人，但他本该追求的是"善"。

他的著作之所以能给我们如此大的启发，正是因为他知道过程的艰难。即使到现在，他的著作仍激励着这么多人，其影响也仍在为世界创造美好。这是莫大的慰藉。

总结

记住，大多数问题不是我们所能控制的。请别再觉得自己应该把事情控制得"更好"。

好好享受这种解脱吧。你能控制的只有自身。

第六章
至少有一种确定性
——死亡无可避免

我们总抱怨时日无多,但却以相反的方式行动。

——塞涅卡

死亡无可避免。这听起来有些沉重,不是吗?它阴郁的基调似乎和一种承诺让生活变得更好的哲学并不相符。

小时候,我非常惧怕死亡。多年来,我总在晚上思考自己的死亡。这个念头让我惊惧不已,彻夜难眠。我害怕去商店,害怕与人交谈,害怕接近任何人,即便是我想要帮助他们。我感到十分无力,被恐惧所裹挟,忧虑他人会如何看待我,我会以何种方式死去,我的生活又会落入怎样悲惨的境地。我觉得自己根本活不下去。

后来在学校里,我修了一门宗教研究课程。课上主要探讨了各种宗教对人死之后去向的看法,以及天堂、净土、重生等是否存在。当时我想,如果所有的宗教都搞错了呢?或许死亡即终结,此后再无压力和烦恼。这就是我所认为的"极乐"——请原谅我的双关语。如果我的想法不对，如果某种宗教所说的是正确的，那我最终会进入天堂，或是最坏的情况被投入炼狱。这倒也无不可。倘若死亡让人更接近神明，为何宗教信徒会觉得死亡如此可怕？对死亡的恐惧是否会成为我们过上幸福生活的阻碍？有一天晚上，我在家中突然意识到：死后并无知觉。死亡意味着再无苦难或后果；生活，所有经历，无论好坏，都将结束。这种解脱意味着生命是有限的，我没有时间忧虑。那天晚上，我睡得很香，后来也再没有担心过死亡。既然我出生之前并无记忆，那死去之后必定不会记得生前之事。（我之前听过一个笑话，让我想起了还未接触斯多葛主义时对死亡的恐惧："死亡就像愚蠢，只伤害你周围的人。"）

或许你从未思考过死亡，所以并不担心。在西方文化中，花很多时间思考死亡并不常见。这是一种有点怪异的行为，就好像在邀请它到来，或沉浸在某种让人厌恶的、可怕的事情中。事实上，在古罗马时期也有类似的观点。希腊人和罗马人甚至不愿说出哈迪斯[1]的名字，以免让人联想到自己的死亡。

---

1 希腊神话中的冥王，被称为"地府的宙斯"。

仔细想想，这实在奇怪。这世上的每一个人，曾经来过的和尚未出生的，最富有的和最贫穷的，最年长的和最年轻的，无论来自哪个国家，拥有怎样的人生经历，只有一件事是共通的：我们都将死亡。这一点毋庸置疑。巨额的财富无法阻挡死亡的到来，它无药可医，避无可避。对于每个人和周遭所有事物来说，死亡即终结，这是普世的真理。

我们应该更多地探讨死亡吗？还是说，这个话题让人过于不安？我们应该把死亡这样可怕、阴暗的念头抛诸脑后，转而赞美生命吗？

斯多葛学派哲学家相信"铭记死亡"（Memento Mori）。两千年前，斯多葛学派的追随者会携带刻有这句话的硬币，或是头骨和沙漏，以提醒自己终有一死。甚至在更早的时候，住在缸里的犬儒派哲学家第欧根尼曾试着驱散追随者对自己必将死亡的忧虑。当有人问他希望如何下葬时，第欧根尼宽慰他们，说可以把自己的遗体丢到城墙外，供动物享用。追随者们吓了一跳，忙恳求他再三考虑。"好吧，"他说，"那给我留下一根驱赶动物的棍子就行了！"追随者们犹豫着该如何点破，那时的他怕是挥不动棍棒了。但第欧根尼看出了他们的窘迫。倘若他丧失了挥舞棍棒的意识，他又何必在意自己的遗体呢？在21世纪的今天，我用一张"铭记死亡"日历延续了第欧根尼的必死意识。这是一张由数千个格子组成的大海报，每过一天，我就涂黑一个格子，提醒自己生命是有限的。

我和我的伴侣还准备了一个"死亡盒子"。这听起来有点可怖，但里面装的是死后的愿望，对葬礼的偏好和留给女儿的物件。我的伴侣第一次提出这个想法时，我觉得很奇怪。但我越来越喜欢"死亡盒子"所带来的死亡的直观感受。我知道，人们怀有一种迷信，觉得立遗嘱会招致死亡。但遗嘱让我们想到了以有形的方式去"铭记死亡"，用一个小盒子提醒自己死后会留下什么。你会在自己的盒子里放什么呢？

> 你现在就有可能失去生命。
> 以此决定你的所做、所言、所思。
> ——马可·奥勒留

正如马可·奥勒留在《沉思录》中所说："不要像仿佛你将活一千年那样行动。死亡窥伺着你。当你活着，且力所能及，行善吧。"很少有人会选择长生不老，虽然可能会把寿命延长一些，但绝不是永远。无论我们给生命定下多长的期限，死亡终会到来。这个终点的存在让我们产生了紧迫感和目标。不只是生命，一切都终将结束。最近和兄弟们外出时，我突然想到，我无从得知这是不是我们最后一次相聚。就算这次不是最后一次，总会有一次是的。但这并没有让我沮丧，反而让我们共度的时光因有限而更加珍贵。无论是拥抱朋友，做一顿特别的饭菜，观看天上的云，还是早上的通勤，总会有最后一次。任何经历，无论好坏，总会有最后一次。

那么，我们如何才能每一天都以积极的眼光看待这一切呢？

我常常想，我学到的最重要的事实就是人终有一死。但真正改变我生活的，是接纳死亡。它让我摆脱了单调乏味，摒弃了拖延的心态。想来也是奇怪，想到自己终有一死，反而让我焕发了无限生机。每天一想到这个事实，日子就变得更加生动和真实。真正的敌人不是死亡，而是虚度生命，前者无法改变，后者却是我们自己的责任。还有什么能比意识到生命正在流逝更珍贵的呢？死亡不是敌人。承认死亡，铭记死亡，会为生命注入新的价值。这是一份珍贵的礼物，但我们中的大多数人却不愿正视和珍重它。

练习

有人说："我乐于想象自己已经死去了，我乞求上帝再给我一次机会，让我在树林里漫步，让我心碎，坠入爱河，做最平凡的日常琐事。我努力生活，就像上帝已经给了我这个机会。"

坐在舒适、安全的地方，闭上眼睛。想象你的生命只剩下十分钟，一切都将被夺走，每一个人，每次机会，每一种可能的经历。在这十分钟里，你会有哪些遗憾？有哪些事你想再做一次？假设你有一次机会，重新经历一切，无论好坏，无论正面还是负面。想象失去和再度拥有这一切的感受。你会想要和谁再次交谈？

想一想你最后的愿望，然后问问自己：对于品尝某种食物或喝水这样的小事，你会有什么样

> 的感受？对于再次见到朋友和家人这样的大事呢？如何在当下实现这些愿望？怎样才能过上每天都不后悔的生活？

"抓住今天"（Carpe Diem），常被认为是斯多葛主义的观点。如果今天是你的最后一天，你将如何度过？当然，我们中很少有人有多余的时间和金钱来一直过这样的生活，也不能以牺牲责任为代价去追求热爱。何不选择没有遗憾地生活？如果今天就是最后一天，你会做什么？你希望以何种方式被人记住？你希望这一天的基调是什么样的？

古往今来，哲学家、作家、艺术家和诗人都发现，正是死亡赋予了生命价值。若是我们有无尽的光阴与所爱之人相伴，有无尽的机会去想去的地方旅行、读想读的书、尝试每一份感兴趣的工作，紧迫性也就此消失了。当拥有无限的机会时，我们如何能确定自己的重心或优先级？这就好比我们拥有无穷无尽的资源一样。不会终结或消亡的东西，就不会得到珍惜和尊重。如果只剩一个茶包，它泡出来的这杯茶就会显得格外珍贵；如果只能负担得起在外面吃一顿饭，它必定比随时随地出去吃更加特别。

我们的生命是有限的。更重要的是，我们无从得知死亡何时到来。

> 完美的性格应该是这样的，
> 把每一天都当作最后一天来过，
> 不激动，不麻痹，不虚伪。
> ——马可·奥勒留

除了避免在死亡到来之前留下任何重大遗憾之外，我们还可以审视自己是如何度过每一分钟的。如今，拿起手机实在是太过便利了，等你回过头来才猛然发现，你已经漫无目的地刷了好几个小时的手机。哲学家亚里士多德曾告诫道："虚度生命是最可悲的悲剧。"那我们如何才能避免虚度人生呢？

这不是叫你再也不接任何一个电话，也不是说晚上坐在沙发上，或只是盯着窗外发呆。斯多葛学派鼓励我们，要有目的、有意识地行动。我们可以把恶——把贪婪、恐惧、自大、消费或愤怒作为生活的基础；可以选择把时间浪费在网络上，窥探他人的生活，羡慕别人所拥有的一切，把相似的东西列入购买清单，担心自己的生活看起来不够光鲜，或因他人不以相同的方式对待我们而愤愤不平。这些行为究竟对你的现实生活有何益处呢？试想，若你身处荒无人烟之地，没有手机、没有新闻、没有社交媒体，你不会因他人的言论而轻易滋生愤怒，也不会盲目追逐那些稍纵即逝的潮流，更不会因海量的信息而过度焦虑。难道你从未渴望过——哪怕只是偶尔——享受那种对世间纷扰全然无知的宁静吗？你希望自己以何种心境生活呢？

马可·奥勒留说："你该意识到，你是宇宙的一部分，诞生于自然，你的时间是有限的。牢牢把握每一刻，感知自己内在的光辉，否则它将消逝永不复回。"或许你该决定对自己来说什么才是真正重要的，什么不是。

人们常常陷入一种思维定式，以为只要得到某样东西就能获得幸福。这样东西可能是一件想要的物品、一份应得的工作、一个按照我们意愿行事的人。然而，得到它你就真的会永远幸福吗？生命的意义不在于获得，而在于体验。死亡悬在头顶，迫使我们专注于当下，只有我们才能选择如何对待它。我们是否把生命用在了追求舒适和愉悦上？马可·奥勒留说："没有痛苦的世界可能存在吗？莫问不可能之事。"既然生活不可能没有丝毫痛苦，那么我们该如何面对充满摩擦和困难的现实呢？

练习

看看过去七天你玩手机的总时长，它比你预想的更长，还是更短？

把你每天玩手机的时长乘以365，再除以24，得到的结果是你目前每年花在玩手机上的天数（不包括睡眠时间）。（粗略计算下来，每天两小时相当于每年有一整个月都在玩手机，每天六小时相当于每年有三个月都在玩手机。）

写下你本可以利用这段时间做的其他事情。

你能在一个月内把玩手机的时间减半吗？借助手机应用程序或培养新的习惯和爱好，你完全有可能将生活从一种在生命终结时不会珍惜，甚至会后悔的状态，转变为一种能够塑造个人品格、提升社区价值或促进你与他人面对面交流的状态。

> 从手机那里夺回对时间的掌控权之后，你是否感到精神更加放松？头脑更加清晰？睡眠得到改善？实用技能获得提升？

无聊总会让人觉得，它是另一种形式的死亡。在你孩童时期深感无聊的时候，在你没办法上网的时候，你会说："要是找不到有意思的事做，我会无聊死的。"这感觉就像我们在浪费生命，在为无所事事而接受惩罚，而一种现实的压迫感也会悄然袭来。

手机是摆脱无聊的完美手段，它拿取轻易，能提供近乎无穷无尽的消遣、娱乐和信息。当你挤在长长的队伍里，或正等待下一班列车，刷刷手机、找找乐子似乎是最自然的选择。然而，在获得便利和消遣的同时，你失去了更有价值的东西：亲身接触现实世界，以及体会无聊的滋味。

在快节奏的西方资本主义文化中，无聊被视为对时间和生命的极大浪费。你可以去社交，去挣钱，去联络关系，或分享一篇新的"标题党"文章来提高自己在网络上的知名度，哪有机会觉得无聊呢？比起这些，无聊又能带来什么呢？但是，你所做的一切并没有摆脱无聊，反倒助长了无聊对大脑的侵蚀。

逃避或忽视不是解决问题的方法。你可能觉得自己并非一事无成——在等朋友的时候，至少查看了电子邮件！——但其实，你是在反复告诉大脑，无聊是最糟糕的感受，应该不惜一切代价规避。

实际上，无聊有很多好处。虽然我们可以规避它，但无聊就像死亡一样，无时无刻，无所不在。无聊迫使我们内省和反思，能激发创造力和解决问题的能力。无聊是好奇心生长的土壤，来自外界的信息反而会淹没头脑中出现的问题。无聊促使我们审视自己的生活，反思是什么造成了这种局面：我真的需要一份新工作吗？换一种通勤方式会更好吗？我晚上的消遣方式是不是有问题？无聊有利于注意力和自控力的提高，因为大脑应对无聊的能力和我们调节思维和行为的能力密切相关。无聊甚至有利于我们的心理健康，让大脑摆脱大量数据和图像信息的负累，获得宝贵的休息机会。既然无聊有这么多的好处，你为何不利用这个好机会，提升大脑的机能，更好地享受生活呢？

那么，我们如何才能真正享受这些无聊的时刻，或是满足于简单的静止呢？按照斯多葛主义，我们该如何珍惜生命的每一刻？无聊是内省的土壤。

> 永远不要忘记，你终有一死；
> 死亡会比你预想的来得更快……
> 上帝已经在你手上写下了死亡。
> 在你的掌心，你会看到"M.M."的字样，
> 它代表着"Memento Mori"——铭记死亡。
>
> ——约翰·弗尼斯

练习

从窗户向外看，观察周围的人和大自然，你能看到什么？人们在做什么？鸟儿和其他动物在做什么？你所在的地方光照如何？你能听到什么？你听到的声音是人为的还是自然的？周围的空气中有什么样的气味？在你所坐的位置附近，有哪些触感？

只有活着才能体验到这些。无论你现在正在经历什么，你都还活着。如果你愿意停下来，抛

> 开脑中的想法、恐惧和希望,把目光投向外部世界,你就会发现身边满是乐趣、惊喜和美好。

当然,这种"正念"和"感恩"的概念并不仅限于斯多葛派。它以这样或那样的形式,跨越时间和文化,出现在全世界大多数的宗教和哲学中。人类清楚地认识到活在当下的价值,而接受自己终将死亡正是当下如此珍贵的原因。死亡本身就有许多谜团:没人知道死后会发生什么,没人知道生前的经历会变成什么。

有一个古老的佛教故事说,一个人得到了一只人人称羡的漂亮杯子。他每天都会使用这个杯子,每次都高兴地说:"它已经碎了!"有一天,这个杯子从架子上掉了下去,摔成了碎片,但这个人却十分镇静,又说:"它已经碎了!"他知道,在得到杯子之前,他是幸福的;在此之后,他仍是幸福的——杯子只是饮水的器皿,万物皆有其消亡之时。有一句看似极端的斯多葛主义名言,是爱比克泰德所说:"在亲吻你的孩子或妻子时,提醒自己他们是凡人,那你就不会受其死亡的搅扰。"我们一开始大概会觉得这个说法难以接受,但这就是事实——我们都是凡人，所爱的一切也总有消亡之时。在大半的人生中，死亡之于我们都是遥远的，以至于死亡带来的冲击是可怕而极端的。爱比克泰德说得没错，生命就像那只漂亮杯子，在它终将消亡之前，我们都可以享受其中。一旦接受了死亡的事实，悲伤也会因此减轻。

死亡是无可避免的事实。或许在接受这个事实后，我们会发现，死亡的必然性其实是一种安慰。它是一份馈赠，让生命的每一刻都变得特别。为了实现这一点，我们要每天如此提醒自己，"铭记死亡"。

总结

铭记死亡。

在死亡面前，大部分的问题都会烟消云散，我们也不会再为旁人的看法而苦恼。

过去已经终结，未来充满未知。享受当下吧。

第七章

有人理解我吗？

——我们由本性相连

社交媒体的广告宣称，它会让我们紧密相连，但人与人之间的距离却从未像现在这般疏离。在这样的世界，这样的时代，斯多葛主义关于联结的思想格外值得探究。只要打开手机或查看新闻，你就会觉得，人和人之间的分歧是无法弥合的，周遭的争论是不可能平息的，只会导致沟通、政治和社会结构走向彻底的崩溃。然而，斯多葛主义却认为，人性会把所有人、所有事都联系在一起。

我们不可能和所有人都意见一致，更不可能喜欢每一个人。在你我眼中，没有任何人是"完美"的，没有人不会做出任何招人讨厌的行为。我们身上的习惯和持有的观点，可能会让情绪最稳定的人陷入挫败。周围的各种力量也总在鼓动我们，把注意力放在彼此之间的差异上。但是，以爱待人对自己和对方都是有好处的。

这和撒谎或"虚伪"无关，而是在培养思维习惯，这些习惯会随着我们的实践而发展并加强。如果只注重分歧和差异，不管是比萨的配料，还是更重大的政治问题，我们所见的就只有矛盾和差异。然而，如果平时能习惯性地去寻找联系，无论当下的个人处境如何，这种看待世界的方式就会超越习惯的范畴，成为一种新的生活方式。这就是我们之前所说的"交感"，即我们由本性联系在一起，由共同存在这个基本的事实联系在一起。实际上，我们之间的联系比想象的更加紧密。

我们如此沉迷于刷手机，以至于要迈出去和他人面对面交流，有时似乎是一件不可能的事情。但是，要过上美好生活，就要记得人和人是彼此相连的，这种联结会让所有人从中受益。与其把他人视作潜在的敌人，倒不如把世上的每一个人都当成潜在的朋友，甚至是兄弟姐妹。这样一来，我们所有人都会受益匪浅：

・增强对他人的共情和理解。

・生活在共情先于敌意和怀疑的社会里。

・和他人的关系更加紧密，而非感到威胁或疏远。

・减少恐惧、愤怒和对自我的不安感。

・认为自己生活在更安全、亲密的共同体中，心理健康得到改善。

· 所处的共同体变得更安全，联系更紧密。

这听上去难道不美妙吗？

崇敬神明，彼此关照。

生命是短暂的——

此生的成果，在于高尚的品格与为公共利益而付诸的行动。

——马可·奥勒留

斯多葛学派认为，人与人之间的联系越紧密，人的主观感受就越好。但他们同时也承认，不是所有人都会有相同的感受，也不是每个人都会依照四大美德来行动。如果他人有犯罪或违反道德规范的可能，我们该如何与之相处呢？

马可·奥勒留在《沉思录》中提道："人是为彼此而生的。要么教导他人，要么容忍他人。"换句话说，我们理应互相帮助，我们既可以沉默地容忍他人的行为，也可以负起责任，引导他人以更好的方式行事，遵循四大美德。

在当今的西方文明中，犯罪就要受到惩罚。但为什么不把改造当作辅助或替代手段，花时间去了解犯罪的原因，思考如何防止罪恶再次发生呢？尽管监狱是一个没有人愿意再回去的地方，但在西方世界的大多数国家，再犯罪率却居高不下。我们是否应该改变对这些罪犯的看法？挪威等国家拥有全世界最低的再犯罪率。他们注重恢复性司法和改造，会帮助囚犯理解自己所犯的错误，并提供实用性的工具，使其为自己、为社区做出更好的选择。按照斯多葛主义原则，司法系统的职责应该是教育我们的"敌人"，使其更加智慧，而不是增加世界的痛苦。

斯多葛主义者有责任指引他人做得更好，依照四大美德来生活，并为不追求四大美德的人提供选择。

我们该如何在日常生活中做到这一点呢？

> 从本质上讲，人是一种社会性动物；
> 那些生来离群索居的个体，
> 要么不值得我们关注，要么不是人类。
> ——亚里士多德

人们对斯多葛主义的理解往往和最初的哲学思想大相径庭。有些人一听到"斯多葛",就会想到坚硬、顽固、冷酷,或是一座与世隔绝的孤岛,一种有效把所有软弱或让人沮丧的事物隔绝在外的防御机制。

这不仅是对斯多葛主义的误解,更是对人性的误解。自我封闭的人不可能走向繁荣。孤立不是优势,而是弱点。要是把强者和弱者隔离开来,人类就无法存活至今。人类这个物种会帮助、联结和关照受伤或生病的个体。我们会向种群中的老者和年轻人学习。我们信任彼此,会共同出谋划策,治愈精神和身体上的疾病。真正的力量并非来自自我封闭,而是来自敞开心扉,完全接纳生活本身。防御机制之所以存在,是因为我们害怕成为弱者,害怕弱点被他人利用。但是,他人和我们自身息息相关,都是这个世界的一部分。如果接纳这样的观点,形成这种思维习惯,我们不仅不需要树起高墙,更会创造出一个团结的世界。斯多葛主义认为,拒绝和斥责人的社会性是非理智的,要相信人和人是紧密联结在一起的,这才是我们真正的力量。相互合作是千百万年来人类赖以生存的关键。寻求帮助不是放弃,而是拒绝放弃。我们足够智慧,知道能从他人处得到答案。我们也有足够的勇气去寻求他人的指导。

与人接触并不容易。有时候，同他人搭话和交流眼神，听平时讨厌的人说话，还有跟意见不一致的人打招呼，都是一件困难的事情。但是，从最不可能和自己产生关联的人那里，我们往往会收获意想不到的洞见、经验和共鸣。如果总是和观念一致的人在一起，就会创造一个"回音室"。我们将再也无法获得新的体验，或从挑战中得到成长。

练习

下次出门时，留意一下你对他人的感受。你会感到惊慌吗？会感到不自在吗？你是否认为他人给你造成了麻烦，或可能给你造成麻烦？

停下来想一想，为何这些行为让你产生了负面感受？或许对方语言不通，所以沟通不畅，或者不知道自己身处何方？或许对方极度紧张，或者正为某个消息满心忧虑？或许对方正沉浸在自己的思绪中，专注地思考着某个问题，所以才显

> 得咄咄逼人或怒气冲冲？再或者，是不是你也有类似的行为，才引发了对方的反应？
>
> 是否有办法识别你对他人的反应并转变它们？想象一下他人所背负的负担，能否减轻你之前感受到的威胁，不再把他人当作"异类"？完成这个练习的第二天，你的感受有何变化？

在面对陌生人，甚至是熟悉的人时，我们往往会先入为主。每天的遭遇会影响我们对周围人的看法。真正幸福的人，不会觉得周围的人意图不轨。很多时候，在经历了糟糕的一天后，我们会觉得自己见到的人都在"摆脸色"，或以某种方式在"针对我们"。

2012年，作家约翰·科尼格（John Koenig）在《莫名忧伤词典》(*The Dictionary of Obscure Sorrows*)中创造了"sonder"一词，旨在为那些英语中尚未有词汇描述的感受提供精准的表达。他把"sonder"定义为"一种深刻的感觉，即意识到每一个人，包括街上擦肩而过的陌生人，都有和自己一样复杂的生活，而他们始终在经历着自己的人生，尽管我们可能从未意识到这一点"。斯多葛主义鼓励这种认知，即无论我们之间存在何种分歧，我们丰富的内心世界以及我们共同的人性都会以一种更加深刻、实际且感性的方式将我们联结在一起。

> 宇宙之所以创造人这种理性的动物，
> 是要他们彼此帮助，
> 旨在基于真正价值的互惠互利，而非互相伤害。
> ——马可·奥勒留

尽管我们有缺陷，但我们比自己所认为的要理性得多。我们最糟糕的感受——恐惧、焦虑和愤怒，大多来自亲身经验，或他人分享的偶然经历。但这并不意味着这些毫无疑问，有时甚至是数十年的感受本身就是理性的。

有一位创作者曾在社交媒体平台上说："如果你总是走同一条路，它很快就会变成你唯一能走的路。"这为我们改变日常生活提供了一个绝佳的切入点：要是只从恐惧和愤怒出发思考问题，过不了多久，它就会成为我们唯一的思考方式，而这将成为世界的"现实"。然而，只要放下猜疑和忧虑，不再把每个人都当成潜在的威胁和敌人，我们的日常生活就不大会陷入猜疑、恐惧、威胁和敌意。

> **练习**
>
> 你最近一次目睹陌生人之间的善意行为是什么时候？你自己是否曾向他人施以善意，或收到过他人的善意？这种善意行为对施受双方的生活可能产生了什么影响？
>
> 本周内，你能否找机会为陌生人做一件好事？比如帮别人捡起掉在地上的东西，或者与他人共享你的伞？在做这件事情的前后，你有何感受？它是否让你感受到，自己和周围的人是紧密相连的？今后你还愿意继续这样做吗？

我年轻的时候曾饱受焦虑的困扰，甚至出门都是一种挑战。我总是低着头走路，觉得其他人在盯着我看，在议论我。这种就是我们现在所说的"聚光灯效应"，即高估他人对自己的关注程度。但是，从某一天起，我开始把所有人都当作家人。他们有自己的烦恼，他们是子女、伴侣、父母、员工，也是兄弟姐妹。我意识到，他们和我的感受是相通的，这个世界并不是围着我转的。我发现，大多数时候，没有人会真正在意我在做什么、穿什么或说什么。这令我如释重负。我不必如此关注自己，因为在大多数人的生活中，我根本无足轻重。我能做的只是努力帮助人们解决困扰他们的问题。

思维是可以训练的。担忧和焦虑大多是习惯使然：担忧得越多，越是容易陷入其中难以自拔。总是想着让自己焦虑的事情，就只会变得更加焦虑，让大脑习惯焦虑的感受。但只要走出舒适区，逐渐意识到恐惧的"非现实性"，我们就能减弱其影响力，使恐惧彻底消失。只要全身心地投入生活，我们就会发现恐惧是毫无必要的，我们就能沉浸于真实的当下。

> 天地万物皆为人所用，人亦为彼此而生，理应互帮互助；顺应自然的指引，在善意的往来中，增进共同的利益。
> ——西塞罗

斯多葛学派里的很多人都认为，地球上的产物——动物、植物、水，是供人享用的。但他们绝对想不到，在过去的几百年里，人类对环境及其产物所施加的影响是如此巨大。置身于当今工业化与全球化交织的时代，斯多葛主义该如何看待人对地球的利用方式呢？

斯多葛主义的这一简单隐喻在此显得尤为关键：倘若你对周遭的环境行为不端，那么你所处的环境也必将变得恶劣不堪；同理，若我们以污染和过度开发的方式肆意破坏自然，我们自身的生活亦将深受其害。在古代，斯多葛学派的思考多聚焦于局部与本地的情况，而如今，斯多葛主义者已然具备了全球性的视野。我们彼此紧密相连，休戚与共。无论是中国、孟加拉国，还是美国，每一个角落的环境都理应得到悉心的呵护与尊重；每一个共同体中的人，都是人类大家庭不可或缺的一员。在这一问题上，斯多葛主义倡导追求一种普世的善。

知名旅行博主马特·凯普尼斯（Matt Kepnes）表示："世界各地的人都是相同的。当你和他人交流，看他们上下班，取洗好的衣服，采购日用品，做着所有其他你也会做的日常琐事，你会真切地意识到，所有人都想要过上幸福、安全、有保障的生活，拥有给予我们爱的朋友和家人。我们的行为方式各不相同，但行为背后的动因却是一致的。"我们往往忽视了人类的共性。按照斯多葛学派的说法,向上燃烧是火焰的本性,生长是植物的本性,迁徙和哺育幼崽是动物的本性,而理性是人的本性。所有人都拥有理性,都能锻炼自己的理性——网上的一些哲学爱好者有时会对这个观点提出异议。有人试图与我争辩,女性不可能成为斯多葛主义者。这个问题居然还有争论的必要吗?我对此十分难为情。为什么不问问小加图的女儿、刺杀恺撒大帝的刺客布鲁图的妻子波西亚·加图妮斯呢?布鲁图曾经这样评价自己的妻子:"虽然她天生柔弱,但这并未阻挡她去做(人们认为)只有男性才能完成的事情;她有一颗英勇的心,她和我们当中最优秀的人一样,为了国家的利益积极行动。"为什么不问问穆索尼乌斯·鲁弗斯呢?他曾阐明:"并非只有男人才渴求美德,女人也是如此。在目睹高尚正义的行为时,女人的欣喜不亚于男人,并拒绝与此相反的举动。既然如此,为什么男人探求、反思如何生活得更好,实践哲学就是恰当的,而女人却不适合呢?"公元1世纪的斯多葛派女学者芬尼亚(Fannia),曾因支持斯多葛学派而多次遭到流放。在她临死之际,小普林尼写道:"我们将失去一位如此卓越的女性，一想到这里，我就悲痛不已。恐怕我们再也见不到像她这般的人物了！"18世纪的进步主义者伊丽莎白·卡特不仅是把爱比克泰德《语录》译成英文的第一人，还是废除奴隶贸易协会和主张女性受教育的早期女性主义团体"蓝袜社"的支持者。这不是一个真正的问题——毫无疑问，女性也是斯多葛主义者，因为所有人，不论性别，都拥有理性。依照理性生活，利用和发挥理性，这符合人的本性，是人区别于其他生物的独特之处。

榜样的作用也至关重要，无论是在举止还是行动中，一个良好的榜样会在旁观者的心中播下善行的种子。虽然斯多葛主义认为，行善本身就已足够，但它也有可能在未来几个月甚至数年里被他人效仿和传递。他人对我的关爱，会鼓励我把关爱施予其他需要关爱的人；他人对大自然和周围环境的关爱，会鼓励更多人延续这份关爱，大自然也会因此得到复苏、重归繁盛，动植物也将蓬勃生长。

倘若我们能够深刻认识到，尽管观念与习惯千差万别，我们却同属于一个命运共同体，共享同一片栖息之地，那么我们便能培育出真正的同理心，实现和平，推动环境的修复，进而提升全球的健康水平。

总结

我们生活在一个相互关联的存在之中,每一个行动都会在其间产生涟漪效应。

你可以决定想要向这个世界传递什么。

第八章

拇指朝上，拇指朝下

——论善与恶

无论别人做什么说什么,我都必须做一个好人。就好像是一块翡翠,或是黄金或是紫袍,总会一遍一遍地说,"无论别人做什么说什么,我终归是一块翡翠,我要保持我的颜色。"

——马可·奥勒留

正如我们在第五章说到的，马可·奥勒留是一个伟大的人，但他并未实现自身"善"的理想。他用写作来排解死亡的焦虑，抵御愤怒的侵袭，他每一天都在朝着"善"和四大美德的目标前进。

但他也认为，虽然善良是人类的天性，但恶也会存在且永远都会存在。作为斯多葛主义者，作为人，我们应该去寻找通往幸福的正确道路，与他人建立联结，并尽我们所能去行善。这一切看似困难重重，但这并不意味着努力不值得回报。

不幸的是，我们很容易就会愤世嫉俗，放弃希望。我们很容易相信这个世界简直一团糟，没有什么美好的东西能够长久，一切终将走向终结，好人也总是没有好报。你可以选择这样看待世界，彻底放弃希望。是的，生活是惨淡的，但也可以是简单的，没有任何欲求是必要的，也没有绝对的对错之分。你可以随心所欲地生活，因为最终一切似乎都无关紧要。然而，在这种思维方式下，你很快就会耽于安逸。

然而，希望是需要付诸努力的。勇敢的人能看见生活中的美好，即使他们可能并不走运。善也是需要付诸努力的。当坏人想要钱，他们会选择偷窃或剥削，而好人绝不会如此。选择"恶"往往轻而易举，不需要道德或内心的坚定，但是"善"却需要真正的勇气。《辛普森一家》(The Simpsons)中的内德·弗兰德斯就是一个很好的例子。他和辛普森一家做了三十多年的邻居，为人善良，乐于助人。从某些方面来看，他似乎是一个可笑的傻瓜，总会因为霍默的愤怒、贪婪或懒惰而受牵连。但是，无论遇到什么样的事情，在内在力量和道德信念的驱使下，他始终把"善"当作自己的生活哲学。

在人的一生中，每个人都会遇到同样的问题。倘若我们能在面对困难时始终坚守善念，选择向世界传递善意，这本身就是一种强大的力量。即便在人类历史上最惨淡、最艰难的时刻，依然有人在展现和传递希望与善意、慷慨与幽默、乐观与仁慈。如果在人类所制造的极致的恶中仍有善的踪迹可寻，那么在我们当下的生活中，我们又能做些什么呢？

内德·弗兰德斯的"可笑"和霍默愤世嫉俗的"现实主义"形成了鲜明对照，但到底谁的日子过得更好呢？在每一集的故事里，霍默的生活都充满了愤怒、沮丧、不满和绝望，而内德的生活却充满了欢乐、爱意、善良和乐观。无论霍默如何为难他（甚至朝他身上扔东西），内德始终坚持善的信念，并因此收获了真正的幸福。希望和爱，不是弱点或某种软弱的选择。在希望与爱的背后，是一种立场鲜明的道德哲学，它让我们看见世界向善的可能，并激励我们通过行动把世界变得更美好。

某些社会群体，认为力量来自不从任何人那里索取任何东西，这种观点在网络上尤甚。这也就意味着，要增强自己的精神力量，就要与世隔绝，不再依赖他人，只考虑如何最大化自己的利益，把自己摆在首要位置。这些群体中的男性通常把他们生活中的不顺意都归咎于女性；认为只要远离社会上的"弱者"，自己就能夺回应得的位置，成为"强者"。他们害怕变得脆弱，总是将他人拒之门外，用虚假的自信掩盖自己的痛苦，但这也阻碍了他们成为更好的自己。真正的力量在于倾听批评，感受它带来的痛苦，依然坚持不懈地提升自己，并始终保持乐观。在这些人中，又有多少愿意建立并维护社会所依赖的联系，并通过集体和个人的努力来建设和改善社会呢？嘲笑内德·弗兰德斯为塑造一个美好世界所付出的努力是毫不费力的，把一个地方弄得一团糟，再轻飘飘地离开，也不是一件难事。但要改变自己的行为，为所有人的共同利益而奋斗，却需要强大的信念和艰难的努力。关键是，这确实能改善每个人的生活。

> **练习**
>
> 消极冥想
>
> "消极冥想"，也就是"预设逆境"（premeditatio malorum），指的是一种通过思考可能发生的坏事来培养心理韧性和应对能力的心态。
>
> 找一个安静的地方坐下来。想象你陷入了大麻烦，可以是某件让你极度恐惧的事情。如果这个程度可以接受，请继续。
>
> 想象一切都出了问题。你失去了一切，以及

> 你认识的每一个人。
>
> 在这样的状态下保持片刻,让自己接受一切都将逝去的事实。
>
> 现在,告诉自己这种情况并没有发生。你是否对自己所拥有的一切心存感激?你能每天都心怀感恩吗?
>
> 终有一大,一切都将消逝。但心怀感恩的人会有更多的机会在世间行善。

别浪费时间争论好人该是什么样的,去做一个好人吧!

——马可·奥勒留

弗雷德·罗杰斯(Fred Rogers)是美国的一名牧师,也是学前教育电视节目《罗杰斯先生的邻居》(*Mister Rogers' Neighborhood*)的创作者。这个节目旨在让孩子们拥有对世界的好奇心和同理心。在接受电视学院基金会的采访时,他说过一句广为流传的话:"在我小的时候,每当看到可怕的新闻事件,母亲都会对我说:'去寻找那些帮助者。你总会发现有人在提供帮助。'"这是他给孩子们的建议，让他们在灾难发生之际也不要灰心。这条建议对成年人也同样适用，特别是当我们眼睁睁看着全球新闻，自己却无能为力时。作为斯多葛主义者，我们甚至可以更进一步，成为实际的助人者。疫情期间，社会并没有陷入崩溃。尽管困难和不确定性始终存在，邻里间却能互相帮助；各个国家纷纷团结起来，捐款捐物，共享科学研究成果；人们以各种方式和彼此保持联系——在阳台上放音乐，在社交软件上建立群组，关注弱势群体。人的本心倾向于帮助他人。

当然，要帮助他人，不需要等到灾难发生。我们大多数人几乎不会碰到大灾害，但难免遭遇不幸、意外和刁难。每次碰到这些情况，我们都可以选择行善。

有一次，我在大雪天开车经过一个小镇，发现路边有一群孩子正盯着打滑的汽车。我以为他们和那个年纪的我一样，正等着用雪球砸车子或车上的乘客。但过了一会儿我发现，孩子们其实在等着帮忙。在混乱的交通和糟糕的天气中，他们推着需要帮助的汽车，表现得从容而愉快。因为有了这些孩子的帮助，原本要困在这里好几个小时的车都平安地开走了。几个星期后，我还是忘不了这些孩子。想着我对他们的误会，想着他们没有逃避困难、没有袖手旁观，反而主动行善、提供帮助，我的心潮久久不能平复。这一切都是因为他们在当时选择了做正确的事。

还有一次，我看到一个孩子在电车站等车，他衣着不够光鲜，举止也算不上有礼貌，路过的人纷纷盯着他看。看着他的样子，我心里也犯起了嘀咕。过了一会儿，我才意识到他止在捡垃圾。没人让他这么做，也没人在一旁盯着。很明显，他只是在等电车的时候捡垃圾，这是把等车的时间利用起来的最好方式。他启发了我，现在我也会在散步时捡垃圾。

通常，这些善行大多不需要付出任何代价，但我们仍会犹豫不决。如果对方不需要帮助呢？如果他或她拒绝这份好意呢？如果我们把事情搞砸了，情况变得更糟了呢？然而，我们都会记得他人施与的善意。在那些我们感到绝望、孤独和脆弱的时刻，有人不图回报地伸出了援手，为我们提供了物质帮助或情感支持。他们没有义务这样做，也不求任何回报，只是单纯的善意。在当时，也在此后的很长一段时间里，它会一直温暖着我们，甚至鼓舞着我们把善意传递出去，同样不求回报，同样不问缘由。一句善意的话、一个友善的微笑，在很久之后仍会让人记忆犹新。虽然恶意的举动也会留下深刻的印象，但善意会打破魔咒，让人不再觉得世界糟糕透顶。如果世界真的无药可救，又怎么会有人无缘无故地对我们微笑呢？

练习

这个练习和上一章的练习类似。但这一次，我们施与善意的对象不再是陌生人，而是身边的人。

在准备午餐的时候，你可以多做一份和他人分享吗？就算不顺路，你可以开车送一送朋友吗？你可以为所有的同事做咖啡，或寄一张卡片给你一直想恢复联系的人吗？

想想看，如果你是善意的接受方，这些举动对你来说有什么意义。你拥有照亮他人生活的能力，想一想这份能力将带来多么大的改变。

在斯多葛哲学中，"恶"指的是四大恶行：愚昧、无度、怯懦和不公。正如我们之前讨论说过，物品本身并无善恶之分，它的性质取决于我们是用它来追求美德，还是堕入邪恶。金钱本身是中性的，如果用金钱剥削或苛待他人，金钱就变成了恶；如果用金钱帮助他人，它就是符合美德的。美德几乎不可能变成"恶"，智慧、节制、勇气和正义几乎不会带来伤害。相反，愚昧、不公、怯懦和无度几乎不可能结出"善"的果实。一个出于恶习行事的人不可能行善，一个出于美德行事的人很少会作恶。

有一句话是这样说的："如果你要找一辆黄色的汽车，你会发现，黄色的汽车几乎无处不在。"这被称作巴德尔－迈因霍夫现象[1]（Baader-Meinhof phenomenon）。你总能找到你专注寻找的东西，你的注意力在哪儿，你的精力就在哪儿。如果你一心认为，这个世界糟糕透顶，到处都有坏人在作恶，而像你这样的人则遭受着压迫、排挤，那么你所看到的就会是这些。如果你只留意世界上的怯懦、愚昧、不公和无度，这些恶也会反映在你的身上。这样做很容易，但它会让你的生活变得更加艰难。你免于失望的痛

---

[1] 也称频率错觉或频率偏见，是一种认知偏见，即在第一次注意到某一事物后，有一种更频繁地注意到它的倾向，导致某人相信它有很高的频率（一种选择偏见）。

苦，但也降低了自己的标准——要是每个人都这样，我又有何顾虑呢？

想一想，经过一天的辛劳，你能分享的趣闻却只有发生在自己身上的坏事，你会感到多么疲惫啊。一吐为快之后，你会觉得轻松些吗？还是说，你会隐隐觉得自己对世界的看法有点问题，怀疑你所说的并不是世界的真相？正如马可·奥勒留所说："灵魂会被自己的思想染上颜色。"

我想到两个双胞胎的故事。他们在一个父亲酗酒、暴力虐待的家庭中长大。成年后，双胞胎中的一个成了有暴力倾向的酒鬼，离了婚；另一个却是慈爱的父亲和温柔的丈夫。有人问这两个人为什么会变成今天这个样子，他们的回答一模一样："因为我父亲是一个暴虐的酒鬼。"一个是延续现存的恶，一个是主动掌控自己看待问题的方式，我们要选哪一个呢？

练习

试着去留意这个世界上微小的善举以及生活中的点滴乐趣，一开始，它们可能很难被察觉。在你的手机上，或者在一本小笔记本里，记录下每一次你注意到的这些瞬间——也许它只是一场酣畅淋漓的大雨，一只孤鸟，或者是在咖啡馆里有人为你短暂地扶住门。

很快，你就会越来越频繁地注意到这些事物。

同事做了蛋糕，拿来和你分享，这难道不是一个善意之举吗？在公交车上，有人把手里的报纸给了你。你没能获得晋升的机会，但在下一次面试到来前，你已经做了充分的准备。你忘了关烤箱，菜烤煳了，但你可以趁机尝尝街拐角那家店的外卖。在你取餐的时候，店里的人也是如此亲切友好。

一周之后再看看这些记录，你会有什么样的感受？你是不是觉得发现世界上美好的事物更容易了？

在生活中的艰难挑战面前，你还能注意到美好的事物吗？

善与恶都是存在的，好的坏的都会发生。斯多葛哲学告诉我们，接受恶的存在，并不意味着要把世界当成一个毫无希望的罪恶之地，而是要把它当作可供行善的空间。在看似不必要的时候，也要有足够的勇气去施与善意。我还记得有一次在购物中心里，我看见一个人摔倒了。一两分钟过去了，来来往往的顾客从他身边经过，甚至没有放慢脚步。我就这么看着，心里想着已经有人帮过他了，或者他根本不需要帮忙，甚至不希望我上前帮忙。这就是所谓的"旁观者效应"，在场的人越多，大家越会觉得其他人更有能力向需要的人提供帮助，自己贸然介入，恐怕会遭受冷遇或收效不佳。最后，我鼓起勇气上前询问了他，他的确需要帮助。我太过于轻信群体的态度，差一点就被误导了。

只要你有主观意识，你就可以用"善"来消除"恶"的影响。你总有余地去做正确的事。在斯多葛学派诞生的两千年后，苏格兰作家罗伯特·路易斯·史蒂文森发现了这一点，并表示："不要看每天有多少收获，要看播下了多少种子。"

你永远都可以选择自己的思考方式，选择自己所生活的世界。

练习

回忆一下第五章中的"斯多葛主义"游戏,把每一个不礼貌的人都当成游戏的一部分。他们出现的目的不是折磨你,或是让你心烦意乱。他们自成一类,名为"无礼之人",如同出生和死亡一样,是一种自然发生的现象,是人性的组成部分。你只需要去观察他们。

注意他们的行为和表现自己的方式。是愤怒、讽刺,还是挑衅?你无法左右其决定,但是否有机会向其表露善意呢?比如让个座,或者请他喝杯茶?

作为斯多葛主义者,你的同理心告诉你,这些人的无礼是因为他们还没有学会如何表达自己的感受。这可是一个在"斯多葛主义"游戏里提升技能等级的好机会。

不要解释你的哲学,去践行它。
——爱比克泰德

我们听过不少爱比克泰德的名言。他是一名斯多葛派哲学家,出生在奴隶家庭,一生历尽艰辛。他在经历种种磨难后,选择了斯多葛主义的道路,成了一名备受称誉的实践哲学家。他以身作则,用实际行动践行自己的教诲,但他的著作并没有留存下来。有观点认为,他更注重按照斯多葛主义的原则来生活,并在当下给予周围人指引。我们所能看到的他的著作,都来自他学生的口头叙述记录。

斯多葛主义的延续,不仅是因为其著作得以保存并传承下来。斯多葛派哲学一直被传授——并且被践行——是因为它是一种能够随着时间发展而演变的哲学。一些早期的斯多葛信徒会蓄养奴隶,这在当时是一种常见现象。现代的斯多葛主义者会考虑环境与全球发展、现代心理学以及社会变革。斯多葛主义是世界历史变迁的反映。然而,要成为一名真正的斯多葛主义者,你并不需要了解它的历史。

每当我想起在公交车站递给我书的清洁工人,我都会为他的行为再次感动。他完全可以忽视我的存在,没有理由留意每天早上我在做什么,没有理由在看见书的时候把它和我的阅读行为联系起来,没有理由把书捡起来收好,再把它交给我。他不必做其中任何一件事。但他选择去做好事，让我许多年都难以忘怀——谁也说不清这一举动对我走上斯多葛主义道路产生过多大的影响。

记住，马可·奥勒留曾说过："当你做了一件好事，另一个人因此受益，你为什么又要像傻瓜一样，寻求除此之外的第三件事——得到赞美或获得回报呢？"斯多葛主义者之所以行善，是因为善行会让世界变得更好，会塑造我们的品格。我们所需要的回报仅限于此。做好事本身就是一种回报。如果把它变成习惯，我们就会下意识地寻找机会，去做更多的好事。我们不必追求善，而是要成为善。善会化作一种本能，一种你或许从未想过会出现在自己身上的性格倾向。然而，如今你已经塑造了自己的性格，而你的天性就是尽可能地做好事。继续前行，持续雕琢自己吧。

总结

在这个世界上，恶是真实存在的。好人也会遭遇不幸。

你始终可以选择向善，并把善带到你踏足的所有地方。

第九章

你脑海中的微弱声音

——真理即善

如果有人能使我相信并向我展示我没有正确地思考和行动,我将心甘情愿地改变自己;因为我寻求真理,而任何人都不会受到真理的伤害。伤害在于自我欺骗和无知。

——马可·奥勒留

如今，我们被反复告知，真理并非单一的，而是多元的。每一种观点、每一个声音都值得被尊重，也应得到同等的关注。我有我的真理，你有你的真理，旁观者的感受同样是一种真理。然而，当这些相互矛盾的"真理"交织在一起时，我们又该如何判断究竟该遵循哪一个"真理"呢？

　　马可·奥勒留在两千年前也面临同样的问题。他意识到，真理是生活中的事实，需要人去寻找和发现，忽视或逃避真理都是有害的。

　　我们现在会说，出言冒犯是有害的，这是一个无可否认的真理。但事实的确如此吗？斯多葛主义认为，在现实生活中，有人出言冒犯我们，有两种可能的原因：一是他说的是真理，虽然让人心里不舒服，但我们能从中吸取教训，改善自己的生活；二是他说的是谎言，故而不必理会。无论是哪种情况，都不必感到痛苦。

如果我们诚实地面对自己，听听脑海中那个劝诫我们向善的微弱声音，我们就会知道，每个人都有偏见，都会对事物和他人抱有完全脱离现实的看法。这些偏见，无论我们是否察觉，都在潜移默化中成为我们判断如何行动和应对各种情境的依据。它们可能直接体现在我们对待他人的方式上，也可能间接反映在我们看待他人行为的角度中——有时，我们甚至与这些行为或其后果毫无关联。

真理是一条有用的捷径，能够帮助我们在复杂的情境中迅速洞察本质。正如有一句名言所说："真理往往介于双方的叙述之间。"作为斯多葛主义者，我们理应秉持这种客观的态度。然而，在争论中，双方的愤怒和自负都会妨碍真理——因为想在争论中占得上风，就会歪曲、夸大真相，或把错误的记忆当作真相，让自己的观点有足够的支撑。在争论中，双方都是带有偏见的，所以关注点并不在于寻找对各方均有益的真相，而是将"真相"的一部分用作武器，服务于自己的利益。

从毫无利害关系的上帝视角来看，情况就会更清楚。要解决朋友、家人、伴侣、同事之间的争论，就应该站在第三方的立场上，以谋求最大共同利益为目标，对争论的起因做出清晰的判断，避免对话因自尊受挫而失控。作为斯多葛主义者，我们可以在争论中看清自己的弱点：批评意见中有哪些观点是合理的？我们如何才能弥补暴露出来的缺陷？是和问题本身相关，还是我们的脾气或对话中的防御性姿态导致了矛盾升级？说到底，智慧就是对他人和自身的了解。

> 不说违背真理的话，不做违背正义的事。
>
> ——马可·奥勒留

何为真理？该如何寻找真理？

在斯多葛哲学中，真理有三大要素。马可·奥勒留说过，寻找真理的关键就在于把事物拆解至最纯粹的形式。

1. 真相

即便盛在精美的酒杯中，葡萄酒也不过是发酵的葡萄汁。如果用这种思维方式来看待两个人之间的争论，我们会发现，尽管在主观感受上，争论让人心烦意乱，情绪激动且难以调和，但若深入探究现实的本质，争论不过就是两个人围绕一个话题吵闹而已——往好了说，这是因为双方都未能掌握全部信息；往坏了说，争论不过是为了寻求关注和认可。

2. 真善

斯多葛主义认为，只要遵循四大美德来生活，就能找到幸福和真正的善。对于善行是否会结出恶果的问题，斯多葛主义者之间仍存在分歧。毕竟，总会有意料之外、无法预见的结果，但这并不是回避"真正的善"的理由。

3. 真理直觉

若我们专注于践行美德，便能自然而然地发现如何在日常生活中触及真理，这被称作"真理直觉"。它是一种清晰的直觉，能让我们在事情发生时暂停下来，并认识到是你的个人观点在推动你朝着特定的方向前进。

如果我们的认知存在偏差，又该如何做出可靠的判断呢？特别是在当下，眼见为实的"客观事实"也已丧失了绝对权威。抛开个人的偏见和观点不谈，就连网络上的照片和视频也并非"真实"的全貌，而是经过编辑和修改的。他人的实际长相和照片里的并不一样，视频里展示的生活不过是为迎合观感而刻意摆拍的场景；他们"晒"出来的恋爱对象、工作和假期都和真实情况相去甚远。然而，这些经过修饰的内容却会在我们心中激起嫉妒与不满的情绪，驱使我们盲目地去模仿所见的一切。

在同他人和自己的关系中，我们见到了太多的假象。然而，只要我们能拆解情绪，化解不同观点之间的冲突，我们就不会被这些假象所蒙蔽。例如，在商店里看到一双心仪的运动鞋，即便非常喜欢，但如果尺码不合适，我们也不会冲动购买。因为鞋子的基本功能是穿，不合脚的鞋子无法满足这一核心需求。即使我们能够忍受尺码过小带来的疼痛，或者通过多穿几双袜子来适应尺码过大的鞋子，但这样的鞋子终究无法带来舒适感。然而，在面对伴侣、朋友、同事和家人时，偏见往往会阻碍我们发现真相。事实上，任何判断都难免存在一定程度的偏差。只有把"真相""真善""真理直觉"付诸实践，每天锻炼自己的品格，我们才能打下坚实的基础，减少判断中的误差。

要是听到有人说你的坏话，不要自我辩解，而是要说："他还不知道我的其他缺点，否则就不会只提到这些了。"

——爱比克泰德

有时，面对真相不是一件容易的事。作家、极简主义者约书亚·菲尔兹·米尔本（Joshua Fields Millburn）曾指出："人害怕破坏自己制造的幻想，因此总是回避真相。"我先前以为，要得到我想要的一切，必须每天都要工作，每周的工作时长要超过一百个小时，甚至不能放过清醒的每一分钟。我坚信，工作越多，收获就越大。最终我精疲力竭，身心俱疲。直到很久以后，我才恍然大悟：只有充分休息，才能更高效地工作。我过于自负，深陷自己编织的幻想，忘记了节制的重要性。

真相本身并非冒犯，它仅仅是客观地描述事实。然而，表达真相的方式可能会带有冒犯的意味，使我们误以为对方在侮辱自己。正如我们在第四章中提到的，我们必须接受无礼之人存在的事实，但不必对此做出回应。无礼之人就如同狂吠的狗或拍打翅膀的乌鸦，无礼只是他们此刻存在于我们生活中的表现方式。他们并不邪恶，也不是故意让我们心烦。在这个快节奏、期望值和噪声指数都很高的世界里,即使没有人故意招惹,我们也很容易变得焦虑和烦躁。

但这并不意味着冒犯者的言论中没有真相。在所有的争论中,真相的获得需要合作,而非竞争。我们没有必要在争论中占得上风,因为唯一赢得争论的方式,就是利用这个机会增长自己的智慧和知识,而不是在地位上争个高下之分。每一次争论都是一次发现真相的机会。限于自身的愚昧、偏见、怯懦或无度,或许我们之前从未觉察到某些真相。但如今,未知的、更客观的真相就这样摆在眼前。或许我们一直没有为他人着想,过于自私,而这正是发现关于自己真相的契机。

练习

找一个不太会被打扰的地方坐下,回想一下你最近与人争执的情形。

你一定还记得自己当时的观点,那么,你还记得对方的观点吗?

记住这两种观点,然后想象自己和这场争论毫无干系——是一位神明,或一只经过的飞

> 鸟。此时的你会如何看待这场争论？你能看出争论的真实目的吗？是不是因为你们之间的沟通出现了问题，导致你们未能达成一致？争论是不是其中一方排解情绪的手段？在争论的过程中，双方是否在故意制造对立，而争论的原因其实并不重要？
>
> 抽离当时的情境看待这场争论，你们双方能以哪些手段达成一致，把争吵变成冷静的探讨，以便双方实现各自的目标？

我总是惊讶地发现：我们都爱自己胜过爱别人，却更在乎别人的看法而不是自己的看法。

——马可·奥勒留

对于幸福与成功，我们每个人心中都有着独特的定义。或许是年轻时，和朋友在公园里玩得正高兴，然后有人突然说："今天过得真愉快啊！"从那一刻起，"幸福"的种子便在心底悄然扎根。当我们再次遇到无聊或脾气暴躁的日子时，就会觉得自己在生活中失败了，因为当下的感受与那次有人让我们意识到幸福时的特定感受不相符。

友谊或爱情也是如此。我还记得第一次看《伴我同行》这部经典电影时,内心深受触动,觉得这就是真正的友谊。许多年后我才意识到,《伴我同行》不过是友谊的一种理想化幻想。电影的阵容强大,演员和编剧才华横溢,配乐、摄影、灯光、导演和剪辑也都堪称完美,共同构建了一个令人向往的友谊乌托邦。但现实生活中,这样的友谊是不存在的。过去的旅行也曾让我觉得不尽如人意——在沉默中等公交车,上厕所,有人喋喋不休地讲一个无聊的故事。有时候,友谊和爱情也会不尽如人意,比如无聊的争执,或觉得对方不够体贴。我们常常会陷入一种陷阱,过于在意他人眼中我们的关系"应该"是什么样子的。但有多少人会只关心婚礼是否完美,而不在乎婚姻是否幸福呢?

那些看似沉闷、无趣、静默无声的时刻,其实有着不可替代的意义。它们让我们变得更加完整,教会我们如何与他人相处,让相聚的时光更加丰富多彩。终有一天,当你发现友谊或爱情并非如电影和情歌中描绘的那般完美时,这些"糟糕"的时刻或许会成为最珍贵的回忆。

我们总是过分在意他人的看法和感受,比如他人会如何评价我们的穿着、我们在工作会议上的说话方式、我们在大街上的走路姿态。我们总是花好几个小时纠结他人的看法，担忧该如何让他人对我们有所改观。其实，我们忽略了几个关键的事实：首先，别人并不会把我们的事情放在心上（至少不会像我们担心的那样）；其次，他人的看法并不具备绝对的客观真实性。它们只不过是观点而已，我们对此无能为力。

我们都有各自的观点和看法，它们是主观的、有偏见的。一旦受其所缚，忘记了这一点，我们就会因恐惧、焦虑或成见而无法完全拥抱世界，活出充实的人生。

然而，如果我们可以践行斯多葛主义的习惯，将强烈的情绪从我们所处的情境中抽离，并铭记情绪的强烈并不代表观点的真实性。那么随着时间的推移，我们会逐渐发现，即使面对棘手情况，我们也能看清局面。

总结
真理不会带来伤害。

追求真理，践行真理，才能养成良好习惯。

第十章

那些"好东西"的真相

——你真正需要的并不多

哲学的精髓在于,

一个人的幸福应该尽可能少地依赖外物。

——爱比克泰德

我们拥有的东西实在太多。有物品——衣服、饰品、电器、成堆的书、运动鞋，还有需要修理或某天要拿出去卖掉的东西；也有计划——想要学习的语言、想去参观的地方、有空时会打的电话。我们的生活，似乎正是由这些身边和头脑里的"东西"所定义的。

在第欧根尼与亚历山大大帝的会面中，这位著名的思想家仅向这位地位显赫的国王兼征服者提出了一个请求："别挡住我的阳光。"

为什么拥有更少的东西对我们有益呢？我们喜欢舒适，喜欢被美好的东西环绕，或许还追求时尚。那么，拥有这些又有什么不好呢？

如今，生活的方方面面都在不断刺激着我们无尽的欲望。社交媒体、杂志、电视和电影无时无刻不在向我们灌输应该购买什么、如何购买的信息。它们暗示我们，只要拥有某个特定的东西，问题就会迎刃而解，自我也会变得更加完整。我们渴望在生活里感受到持续的进步，而实现这个目标最简单的方式就是买得更多、买得更贵。一旦在年轻时养成了这样的思维习惯，就很难再改变了。

我们可能会为了挣钱买东西而备感压力，也可能因购买的商品会对环境产生负面影响而深感愧疚，我们或许会意识到，购物并不能让我们感觉更好。然而，为了摆脱这些感受，我们又会去购买下一件商品——寄希望于它能一劳永逸地解决所有问题。

所有主流哲学和宗教都认为，幸福与匮乏无关。真正的幸福是觉得自己拥有的已经足够。欲望让我们陷入不幸，忘记了就算欲求最终得到满足，获得的快乐也是极其短暂的——可能是五分钟、几个小时，甚至是几个星期，但它很快就会消退，只能在下一次的欲求中再次获得。

幸福不在于外在之物，而在于你自身和你的思维方式。

——马可·奥勒留

关于人，有一条简单的真理：拥有的东西越多，欲望就越强烈。比如说亚历山大大帝,他从未真正满足过。我们拥有的物品越多,就越难以意识到,获得自由和幸福的唯一途径,其实是摆脱无尽的欲望。年轻时,我总会想:"生活不只眼前的一切,一定还有更多的东西等我去发现。"这种想法反复出现,最终变成了习惯。即使我真的"得到了更多",我也不会感到满足,因为我的大脑只剩下一种反应模式:"生活不只如此。"

我们以为,只要得到那个东西,一切问题都将迎刃而解。无论是工作、爱情还是自我,都会让我们完全满意。但欲望就像心里的一团火,只有不断添柴,火焰才能一直燃烧下去。火越烧越旺,需要的柴也会越来越多。欲望和匮乏总是互为因果。把火熄灭的唯一方法是停止添柴,让它燃烧殆尽。随着火势减弱,你也就不再为其所扰。

练习

这是一个简单的感恩训练。

与其不停地追问生活中还有哪些可能,总想着生活还未完全展开,倒不如花一分钟想想自己已经拥有的一切。

在接下来的一个星期里,每天晚上抽出几分钟,列出你当天要感恩的三件事。或许是走路上班时闻到的气味和看见的景色;或许是当天下午安慰你的家人;或许是晚上的美食。仔细思考这些事物的美好之处,它们为何会让你感到幸福?

接下来,想一想第二天你所期待的三件事:在早上煮咖啡,见同事,与朋友聚会?在这些事情背后,你真正期待的究竟是什么,以及你能在其中获得怎样的乐趣?

当你在脑海中反复思考这些事物,并将注意力聚焦于其中的快乐时,你的大脑和身体就会发生切实的变化,让你的情绪积极起来,进而更容易发现生活中的美妙瞬间。在持续的练习中,这种思维习惯会越发牢固。一周之后,你就能感受到这项训练的正面效果,也会更加珍惜生活中的美好。

告诉自己,这些微小的幸福就已足够,它们共同构成了你的生活。只要能发现每一天的闪光之处,生活就是美好的。你也会更投入地享受生活。

在当前的文化中,购物行为和购物欲望是幸福的表现;我们想要的一切物品都是接近幸福的手段。然而,这种欲望其实暴露出了我们对自身的不满——觉得自己不够酷、不够时尚、不够与众不同、不够有创意、不够富有。在无法满足的欲望背后,不是拥有更多东西的愿望,而是完善自我的愿望——用这些东西填补自身的空缺,让自己焕然一新,只要交钱就行。但如果只想着要变成什么样的人,我们又怎么会了解真正的自我和自身的才能呢?

但如果我们改变习惯,成为自己想成为的人,情况又会如何呢?如果我们专注于兴趣爱好或身体健康,专注于"偏好的中立事物"(我们稍后会详细解释它的含义)和四大美德所指引的幸福之路呢?在《小熊维尼之道》(*The Tao of Pooh*)中,作者本杰明·霍夫提到,获得更多的外物并不等于进步——我们自以为囤积物品、购买商品就等于有所成就,但无论得到的是蜂蜜罐还是跑车,欲求、获得和不满足的循环并不会让我们感到更幸福、更充实。网络上那些拥有一切的人,他们的生活并不比我们的更好。他们只是更擅长包装自己的生活而已。社交媒体上的公开展示是为了博得关注,其中呈现的一切都经过了精心的策划和挑选，以吸引更多的目光，因为这是全世界范围内新的成功标志。拥有幸福的人不需要得到关注，追求关注的人不会获得幸福。我过去也犯过这样的错误，明明内心极度痛苦焦虑，但在照片上却表现得很快乐。这种伪装当然有效果，但营造"成功"的假象并没有让我真正快乐起来，因为我追逐的是错误的东西，我只想着我应该如何表现。

我们越是想着"得到"，就越没有思考和感受的余地。有一则故事说，一名佛教徒坐在禅师面前，看着师父进行茶道仪式。然而，当他的茶杯被倒满时，他惊恐地发现师父还在继续倒茶，茶水溢出杯子，流到桌上，越淌越远。佛教徒请求禅师停下，师父停了说道："你的头脑就如同这个杯子，要是持续不断地注入新的欲望和想法，又怎么能学到东西呢？只有去除杂余，你才能实现自己的目标。"在我们的一生中，总会有那么一天，我们拥有的东西太多，以至于没有空间留给那些真正能带给我们快乐的事物，比如人与人的联结、学习、探索和创造力。

马可·奥勒留出身于一个极其富有的家庭，过着优越和舒适的生活。在《沉思录》的开篇，他表示自己的价值取向源自他的母亲，一位凭自身努力获得财富的女性。他向母亲表达了感谢："从我母亲那里，我学到了虔诚、慷慨，懂得了不仅要戒除恶行，更要戒除恶念，远离奢侈，简朴生活。"即使生活在他们中间，他也意识到了沉迷其中的危险。他后来告诫说："当心不要成为恺撒，沾染那种习气。这种情况确实会发生。要保持简朴、善良、诚实、尊严、谦逊，恪守正义、虔诚、仁慈，关爱他人，坚定履行自己的义务。"我相信你一定认识这样的人：他们不使用任何社交媒体，可能有一辆破旧的旧车，也没有几件华丽的衣服，比起拥有一千或一百万粉丝的"网红"，他们更不幸福吗？他们是否满足于自己所拥有的事物，不向外炫耀也能让自己感到快乐？马可·奥勒留早就知道答案，我们也必须认清真相：通向平静和幸福的唯一道路是简朴、尊严、谦逊，是把善良和正义置于奢侈和时尚之上。

> 贫穷的不是拥有太少的人，而是渴望更多的人。
> ——塞涅卡

在社交媒体上，我们会出于各种原因关注其他人，比如羡慕、嫉妒、厌恶等。但为什么不转而去关注那些能给你带来真正快乐、教育、价值和幽默感的人呢？我以前也曾沉迷于社交媒体，痴迷于别人的生活方式和他们所拥有的一切，而这种行为最终只会让我在刷了几个小时社交媒体后感觉更糟。

几年前，我曾以为如果不使用社交媒体，就会错过本该了解或者看到的消息。后来，我到国外旅行了一段时间，由于预算有限，无法购买手机或开通国际服务。我决定只随身带一个iPod，需要和家里人联系的时候就去网吧。我读过很多旅行类书籍，那种不拿手机，仅用一副扑克牌作为消遣的旅行方式很吸引我。我不想携带太多的行李，毕竟出国旅行的目的是结交新朋友，获得一些新体验。在那段时间里，我恰好也萌生了为生活"断舍离"的想法，因此，出发时我只背了一个小登山包，里面装着洗漱用品和几件换洗的衣服。

在旅行的最初几天，我总觉得心绪不定。之前每当我感到无聊或焦虑的时候，就会本能地想通过社交媒体来排解情绪。我的大脑和双手都已经形成了习惯，手指会不自觉地滑动屏幕，打开一个又一个的应用程序。我无时无刻不在浏览社交媒体应用的界面，就像那些去看电影也放不下手机的人一样。社交媒体让我的注意力变得分散，没办法全情投入任何一件事，也没办法从中得到真正的乐趣。我总是在后悔，但却一次又一次地重复这个行为。但过了两周，我突然发现，我已经丧失了刷社交媒体的欲望。我并没有错过任何东西，还突然有了更多的空闲时间和思考余地，因为再也没有那么多的图片和文字来分散我的注意力了。轻装旅行的感觉也很美妙，只有一个包和几件东西，打理和照管起来十分容易，只需保持物品的清洁、干燥和整齐即可。旅行因此变得格外轻松。我不必再把注意力放在行李和手机上，思考问题也变得清晰起来。

九个月后，当我回到家拿起手机，我先是思考了一番是否要重新启用社交媒体，然后发现自己对它已经不感兴趣了。在那段远离网络的时光里，我不再关心那个虚拟世界，更没有丝毫的想念。我不会再陷入过去的沉迷，不会为了关注还是不关注的问题而烦恼，更不会因此再产生愤怒、嫉妒或厌恶的情绪。就算打开了社交媒体，我也只会关注那些积极向上的内容，并把时长限制在每天几分钟。

社交媒体平台的目的是捕捉和持续吸引我们的注意力。要实现这个目标，就得激发我们的负面感受，社交媒体平台通过引发愤慨、妒忌等情绪来吸引我们的眼球，然后通过点赞和评论的机制刺激多巴胺分泌，从而让用户陷入沉迷，产生一种类似于毒品或赌博的快感。美国成瘾性研究中心提出："社交媒体成瘾的症状和其他药物滥用基本一致。"该中心列出的社交媒体成瘾症状包括：接触社交媒体时的情绪改善、对社交媒体投入过多的情绪和行为、使用频次的逐渐增长、身体和情绪上的戒断反应、无法接触社交媒体时爆发的冲突，以及短期戒断后的再度高频使用。你或你身边的人是否也出现了这些症状呢？

社交媒体平台并不希望我们保持清醒的判断力，也不希望我们意识到时间的流逝。它们将浏览体验设计得无比流畅，只为让我们沉浸其中，难以退出界面。它们还引入了无限滚动功能和精准的提示机制，进一步诱导成瘾行为。当我们无休止地滑动屏幕时，我们实际上交出了自己最宝贵的资产——时间，还有我们的数据和注意力。没人愿意在工作岗位上无偿加班，但这就是社交媒体的本质：出让自己的时间而使他人获利，我们又怎么可能因此获得幸福呢？随着软件硬件的流畅度与集成度不断提高，科技公司试图营造出一种假象，即它能在我们意识到自己的需求之前，为我们提供想要的一切。比如，在线参观那些现实中遥不可及的画廊，或者在家中享受一场门票已售罄的音乐会的前排座位，又或者与世界各地的人一起参与大型多人在线游戏……这些机会如此诱人，让人难以抗拒。科技公司的营销手段极为成功，以至于我们甚至忘记了什么才是真正的幸福。我所说的幸福，并非短暂的快乐，也不是相比洗澡、穿衣、出门这些麻烦事的轻松选择。科技公司所推销的线上体验固然能带来数十亿美元的营收，并收集前所未有的海量个人数据。但它们让我们忘却的，却是那些简单的幸福：在当地散散步、在咖啡馆与其他常客短暂交谈、帮别人把婴儿车推上台阶、陪朋友一起遛狗，坐在窗边凝望风景。这些事情能打开内心深处的开关，唤醒已被我们遗忘的力量。

随着公司业务转向线上电影发行，我意识到需要再次启用社交媒体账号。我花了很长时间琢磨如何让它真正为我所用。当我最终回归时，我只关注了斯多葛主义和电影制作相关的账号。每次点开应用程序，我都能在短暂的使用时间内享受快乐、学习新知。偶尔使用社交媒体让我的生活变得充实，而不再是枯燥乏味。

除了给自己规定在几点、使用哪个应用程序、使用多长时间之外，我也会充分利用这些应用程序的个性化推荐机制。我不会点击任何诱导性的标题，从而让应用程序停止向我推送成瘾性内容。我只关注电影制作和斯多葛主义相关的、真正有价值的内容。我还听过一个很有用的建议，叫"购物中心法则"，即只关注在商店里碰见时让你想要走过去和他交谈的人。如果你在现实生活中都不想和这个人说话，那为什么要浪费时间，了解他午餐吃了什么、浴室装修长什么样呢？

我还会把手机放在轻易拿不到的地方，比如放在另一个房间（在工作期间），或我所处的房间的另一头。这样一来，起身去拿手机的"麻烦"就会形成一种阻力。我最终习惯了不碰手机的感觉。只要在家里白天活动最多的地方禁用手机，然后摆上书籍、笔记本和拼图册，你就会发现自己身上的惊人变化。

最近，我还考虑了尽量不带手机出门的可行性。哪怕是去街角的商店或开车去很近的地方，只要没带手机，我都会惊慌失措,就像一不小心鞋都没穿就出门一样。但手机不像鞋子,能保护脆弱的皮肤;不像衣服,能维持社交的体面;也不像救命药和医疗设备,能保证生命的安全。既然如此,为什么我们离开手机十分钟就会觉得不知所措呢?这一定是有问题的。

正如无数哲学家和乡村歌手所言,生活中的美好来之不易。或许我们已经忘记了,在发现、坚韧、努力、随性、联结和交谈中,也有纯粹的快乐。

练习

在第六章中,我们探讨了如何把玩手机的时间减少一半。

在实现这个目标后,尝试删除一部分社交媒体的应用程序。

在这个过程中,你有何顾虑?你觉得自己会错过哪些东西?

更重要的问题是,在你把时间浪费在社交媒体上的时候,你究竟会错过什么?当你全神贯注地盯着手机,又会与哪些机会擦肩而过?

> 一周后,你有何感受?
> 两周后,你又会有什么新的体会?
> 究竟是什么在阻碍你彻底远离社交媒体?

> 所有人都追求幸福生活,但很多人却把财富和地位等手段,
> 当成了幸福生活本身,反而离目的越来越远。
> 真正有价值的、创造幸福生活的是德性行为,
> 而不是看似有用的外在手段。
> ——爱比克泰德

记住,选择一些事物就等于拒绝其他事物。我们或许会因为错失焦虑症而冲动消费,比如,因为某双运动鞋即将售罄,或者相信它能改善生活,就迫不及待地想要将其收入囊中。然而,每当我们在生活中加入一样新东西,我们就消灭了不拥有它的可能性——不充分利用自己已有的鞋子;不利用朋友外出的时机享受一段在家的宁静时光,或者不尝试用冰箱里那些平凡的剩菜创造出新奇的菜肴。根据直觉冲动来做决策无法塑造我们的品格,但追求四大

美德和"偏好的中立事物",却能让我们避免陷入幻觉和自大,培养从长远来看更有利于我们的良好习惯。说到这里,什么是"偏好的中立事物"呢?

之前说过,在四大美德和四大恶行之外,一切都属于"中立事物"的范畴。"中立事物"既不是恶,也不是善,例如金钱、健康、抱负、力量和技能。"中立事物"不会降低或提高生活的质量。只有在四大美德的指导下善用"中立事物",才能实现人生的幸福。在此之下,还存在"偏好的中立事物"和"非偏好的中立事物"之分。比如说,贫穷并没有好坏之分,但我们发现,贫穷会让生活变得艰难、处处受限,所以会尽量远离贫穷。反过来说,我们通常都希望活得更长,身体更健康,所以健康是一项"偏好的中立事物"。

尽管如此,在某些情况下,选择"非偏好的中立事物"反而更能彰显美德。例如,如果我们的钱财来路不正,那么它在未来可能会妨碍甚至损害我们的利益,此时,贫穷反而是一种更明智、更勇敢的选择。在某些情况下,"非偏好的中立事物"实际上更有好处。比如说,痛苦有时能增强我们的力量(在健身房里),或告诉我们身体出了什么问题（受伤或生病）。只有当"中立事物"与四大恶行相关联时，才应被摒弃。人生短暂，要过上幸福、舒适和满足的生活，我们所需要的并没有想象中那么多。

> **练习**
>
> 用感恩来代替期望。
>
> 当我们对某样东西心生渴望时，似乎只有得到它，幸福才会降临。然而，若能静下心来，专注于自己当前拥有的一切，我们就能产生强大的精神力量，为所拥有的一切及其带来的益处和快乐心怀感激。
>
> 与其一味追求更多，不如珍惜眼前所有。你今天还有哪些事没能达到自己的期望？你能否列出一份更长的清单，写下那些让你心怀感恩的瞬间。此刻，你又珍视哪些事物呢？

总结

所得越多，欲望越盛。

享受简单，简单即完美。

第十一章

戴上玫瑰色眼镜[1]

——思想创造现实

---

[1] 通常用来比喻一个人对现实持有过于美好的看法,就像戴着玫瑰色的眼镜看世界一样,一切都被美化了。

生活的幸福取决于思想的高度。

——马可·奥勒留

莎士比亚曾借哈姆雷特之口，说出了斯多葛主义的一则重要真理："世上本无善恶，皆为思想使然。"我们对世界的认知决定了世界在我们眼中的模样。如果在世界中寻找恶，恶必会出现。我们似乎总能找到无数证据，证明这个世界是无望的、破碎的，是绝望的源头。然而，我们完全有能力彻底改变自己的生活，只需培养积极的思想、行动和习惯，让它们成为我们生活和思维方式的一部分。如果我们总是刻意与人发生冲突，为了自我辩驳而挑起争端，那么激烈且难以平息的摩擦和争吵就会充斥我们的生活。这不是因为运气不佳，也不是因为世界苛待于你。我清楚地记得自己当砖瓦工的那段日子。每当乘坐公交车或走在回家的小路上时，我的脑海中总会反复出现一句话："我的生活就是垃圾。"直到有一天，我突然强烈地意识到，除了这句话，我什么都说不出来。就好像我站在舞台上，面对着一群观众，反复说着这句话，只为让他们相信我的生活有多么糟糕。

在那个阶段，我对生活秉持一种无所谓的态度。我必须去上学，但对学校里的一切漠不关心。后来，一位老师跟我聊起了毕业之后的打算。他建议我去当砖瓦工，于是我就这么做了。那一刻，我意识到，如果我反复告诉自己生活是多么糟糕，我就不必规划未来。因为每个人都糟透了，我的处境过于艰难，我没办法把生活变得更好。我只能沉浸在愤怒和痛苦之中，一遍又一遍地说服自己：我根本没有能力做得更好。

这种感觉很容易上瘾。我们会在其中沉溺下去，陷入消极的循环：恐惧的事情似乎注定成真，失败仿佛已成定局；直觉与想法被无限放大，而尝试与努力则被轻易否定。我们安慰自己，不必经历痛苦，不必承认错误，尝试不过是徒劳无功。这就像有一个朋友在对我们说："好吧，你已经尽力了，不必担心。"于是，我们便心安理得地选择放弃，卸下压力，踏上那条看似平坦的道路——顺应人性中最本能的惰性。然而，生活中的压力、挑战、不适与错误，才是我们成长的催化剂。它们促使我们吸取教训，敞开心扉，突破自我。倘若我们时刻追求安逸，沉溺于舒适区，便会错过这些珍贵的成长契机。

人的进步离不开负面的事物，可能是百般赞美后的一句批评，也可能是顺利完成一天工作后一个"意味不明的眼神"。人类大脑会对不同寻常或让我们感觉不舒服的事物保持警惕，以便辨别危险，及时应对。虽然人的神经系统在数万年间都没有太大变化，但世界已然翻天覆地——我们以大规模聚居的方式生活，大多数人有稳定的食物来源（去商店花钱买食品）和住所（支付房租或抵押贷款，每晚都住在同一个地方）。我们不必再像以前一样争夺资源，但神经系统却还未做出相应的调整。因此，就算是一句负面的评价、一个充满敌意的眼神，也还是会让我们内心警铃大作、耿耿于怀，哪怕有充足的证据表明，负面评价可能是误解，充满敌意的眼神可能是因为那个人在经过我们身边时恰好在思考别的问题。面对相互矛盾的信号，我们必须提升自己的理性思维，不应把世界当成潜在的敌人，而是要习惯性地把它看作一个相互联系的整体。世界不仅仅是外在的一切，它也是我们自身的一部分。

走在那条小路上，我突然意识到：为什么不去想想正面的事情呢？为什么不去尝试以积极的方式看待自己的生活呢？虽然当下我还无法做出实质性的改变，但至少可以转变自己潜意识里的想法。这个过程十分艰难。我要及时地意识到自己产生了消极的念头，并把它向积极的方向转化。我还感到了一丝内疚，因为我再也无法告诉自己，生活糟透了，而我对此无能为力。好在一段时间后，这种思维方式成了一种习惯。我渐渐发现，从前的绝境其实处处是生机。之前，我觉得自己面前有一堵高高的玻璃围墙，我没有攀爬装备，还患有恐高症。但现在，我的面前是一面岩壁，上面到处都是扶手，而我正跃跃欲试，准备攀爬。

练习

　　找一个安静的地方坐下，回顾那些曾给你带来强烈消极影响的事件，比如丢掉工作、感情破裂，或被赶出家门。

　　从现在的视角回望，你是否仍觉得这是你生命的低谷？最后有没有产生任何积极的结果？如果它从未发生过，对你现在的生活会不会产生任何负面的影响?

下一次有"坏"事发生的时候,无论这件事有多小,花一分钟的时间想想如何让它朝好的方面发展,或是你能从中吸取哪些教训。

这一章的副标题"思想创造现实"是斯多葛生活哲学的关键所在。这个概念很容易和其他"正向思考"的学说相混淆,但二者之间的区别至关重要。

第一部分
这不是一点意思都没有

有关正向思考的内容有很多。你或许听说过著名的"吸引力法则",这一概念源自一本名为《秘密》的畅销书。根据吸引力法则,只要你对经历和事物保持积极的思考,宇宙便会将它们引入你的生活。这和斯多葛主义的"思想创造现实"完全不同。

斯多葛主义者认为,积累物品和经历并不能让我们过上幸福而充实的生活,人在这一生中也并不知道什么才是最适合自己的。吸引力法则的目的是获得想要的一切，比如权力和爱情，新衣服和新工作，而且尤其注重"财富的增长"。我们之前谈过，金钱是中立物。在斯多葛哲学中，要是把时间和精力用于积累财富，而不是品格的培养，人就会趋于愚昧。

吸引力法则要求我们主动、有目的地把注意力集中在我们想获得的对象上，想象它本身和拥有它的美好感觉。如果你认为拥有财富和权力就能获得幸福，那么不妨思考一下，有钱有势者是世界上最幸福的人吗？

斯多葛主义认为，我们是由思想塑造的，是由我们对现实的认知和行动塑造的。我们自知无法按照自己的欲望塑造现实，所以只能接受现实，尽己所能。我们无法控制结果，也无法左右客观上的收益，只能控制自己的观点和动机。例如，两个人收到同一件东西，却产生了截然不同的感受——一个感受到短暂的兴奋和快乐，另一个却感受到悔恨和忧虑。那么，感受的来源究竟是物品本身，还是我们对物品的看法呢？

第二部分
这不是"有毒的积极"

在心理健康和幸福问题上,我们经常听到的另一个流行词是"有毒的积极"。该学说认为,我们应该隐藏甚至压抑负面情绪、经历和反应,否则就会沉溺其中。幸福的唯一方式是完全隔绝负面情绪,只关注积极的面向。

斯多葛主义认为,坏事总会发生,生活中存在问题,而唯一的解决方式是直面问题,在四大美德的指引下寻求解决之法。我们可以消除负面的偏见和思维方式,承认"问题"的存在,以更清晰、更客观的视角审视局面。例如,交通堵塞是事实,我们可能会因此迟到,但斯多葛主义认为,我们不如利用这段时间听一听喜欢的播客。斯多葛主义无法驱散暴风雨,但能让你体会到在雨中奔跑的乐趣。当问题出现时,有毒的积极性告诉我们,应该堵住耳朵、闭上眼睛、吹吹口哨,直到这件事被你抛到脑后。但如此一来,我们又如何从中吸取经验,在困难中获得成长呢?生活以此教诲我,而我却不愿聆听。

2014年,演员金·凯瑞(Jim Carrey)在美国玛赫西管理大学发表了毕业演讲。在演讲中,他向毕业生讲述了看见真实世界的快乐、随之而来的自由和我们能做的选择。他说:"你对被认可的追求会让你卑微到湮没无痕……我们不是我们创造的化身,我们不是胶卷上的影像,我们是闪耀的光芒。其余一切都只是虚幻泡影……我常常说,我希望人们能实现自己的梦想,获得财富和名声,这样一来他们就会知道,在那些地方找不到自我的圆满。"他还秉持斯多葛主义的精神补充道,"你不是被动地承受生活,而是生活的主宰者——当我说这句话的时候,我其实不知道这是不是真的。我只是主动选择把挑战当成有用的机会,尽可能地从中得到收获。"

练习

认知行为疗法有一个经典的策略叫"认知距离化"。在上一个练习中,我们探讨了如何从"负面"经历中获益。本练习主要关注没有任何积极面向的事物,但你仍能摆脱其阴影。

遇到困难时,不妨问自己:"到了明天,这件事会过去吗?"有时候,解决问题的方法就是好好睡一觉。

如果这不足以解决烦恼，再问问自己："一周之后这件事会过去吗？"

可能还不会。

"那六个月后呢？"

或许还是不能。

"那五年后呢？"

也许到那时也不行。

"二十年后会过去吗？"

可能真的需要这么长的时间，但你总有一天能熬过去。你不会忘掉这件事，但它不会再像现在这样让你烦恼。

这只不过是一个瞬间，一切都将过去。

客观的判断，此刻，仅在这一刻。

无私的行动，此刻，仅在这一刻。

对所有外部事件的自愿接受——此刻，仅在这一刻。

仅此而已。

——马可·奥勒留

两个人到一个遥远的村庄参观一座有名的寺院,决心拜见这里的高僧,并计划搬到附近居住。见面后,高僧问其中一个人:"你居住的村庄怎么样?"这个人想了一会儿,回答说:"糟糕透顶,人和地方都很糟糕。这个村庄怎么样?"高僧对他说:"不好。你不应该留下来。"第一个人走后,高僧问第二个人:"你居住的村庄怎么样?"这个人也想了一会儿,然后回答说:"非常好。那里的人都很善良,在一个美好的地方过着美好的生活。"高僧说:"你也会喜欢这里的。"

思想创造了我们所处的现实。如果你觉得身边每个人都很讨厌,这就会是我们所见的现实。如果相信大多数人是善良的,我们遇到的所有人都会印证这个想法。

有一次,我独自一个人在国外住旅店。我和六七个年轻的法国男孩住在一间屋子里,他们彼此熟悉,而我与他们语言不通,更没有人主动与我交流。我觉得很不自在,他们对我视而不见,让我觉得他们很不尊重人。这种感受与日俱增,我为选择住在这里而深感绝望,觉得整场旅行都是一个可怕的错误。一天晚上,我正在做烩饭,他们之中的一个人走了过来,向我询问了烩饭的做法。突然之间，我们开始聊天、说笑，只用了一晚上就变成了好朋友。我之前忽略了一个事实，那就是当我独立待着、一言不发的时候，我又何尝表现出对他们的尊重呢？我没有尝试和他们搭话，整个人摆出一副不好接近的样子。我才是那个拒绝和他们接触和交流的人，只不过在当时，我以为自己的想法就是现实，从而忽略了真相。

从前几天到那天晚上，唯一改变的就是我的看法和态度。我们双方都没有在客观上变得更友善，只是在那个偶然的瞬间，抓住了机会，放下了对对方的负面印象，真正展开了交流。直到那一刻，我们才发现与对方交流的乐趣。

类似的经历在我年轻时也曾有过。那时，我总觉得街角商店的保安对我有成见。他身材魁梧，看起来不太好惹。每次我走进店里，主动向他点头打招呼，他总是盯着我看——显然，他很讨厌我。有一天早上，我决定进门的时候要好好和他打招呼，说一声"早上好"，无论他作何反应，我都要保持友善。几天之后，他就成了世界上最和蔼的人。后来我得知他来自波兰，可能是不太好意思和我说英语，就像我和国外的家人说匈牙利语时一样。我不怎么爱说话，看上去可能有些无礼或冷漠，但这并不是我的本意，而是因为我语言能力有限。每次我走进商店，我们两个人都会像朋友一样愉快地交流，这都是因为我决定以积极的态度与他相处，不带任何挑衅的意味或防备。要是一开始就说"你瞅啥？"或类似的话，那么我们之间就很难展开一场愉快的、让人产生联结的交谈。

多年前，在那个清洁工把书递给我的时候，他的善意改变了我对世界的看法。生活是不可控的，但我们的感受却完全取决于我们对生活的态度。

正如马可·奥勒留所说："人们到乡村、海边、山间为自己寻找隐居之所，你也养成这种习惯，一心向往这些地方。但这完全是不哲学的。因为只要你愿意，你随时可以退回到自己的内心世界。因为，没有比自己的内心更宁静、更自由自在的地方了。"也就是说，无论你走到哪里，你始终是那个你。压力和恐惧深藏于心，无可逃避。就像寺院里第一个被问话的那个人，如果我们觉得世界是粗暴的、充满敌意的，这就会是我们所见的现实。但如果我们以善意对待世界，世界也必将以善意作为回馈。

练习

坐在房间里，环顾四周。你能看见多少件红色的物品？想象它们的质地、重量、大小。

现在专注于这一页，暂时别再四处张望。房间里有多少蓝色的物品？

我们越是专注于生活的某一方面，就越容易对其他方面视而不见。

下一次出门时，试着留意三件积极的事情。附近有树木或是鸟儿吗？有邻居向你问好吗？道路干净吗？空气中是否飘散着附近某一家人的饭菜香气？你的鞋子是否舒适？你的外套是否暖和？你今天是否及时补充了水分？你是否因出门前吃了美食而心情愉悦？

在这一天中，你还能注意到多少其他美好的事物？尝试这个练习几次之后，你会觉得工作中、上下班途中和街上遇到的人是否也变得不一样了呢？

总结

所见即所求。

世界是不可控的,但你可以选择如何看待世界。

第十二章
别忘了停下
——活在当下

智者不因所缺而悲,但为所有而乐。

——爱比克泰德

生活并不复杂，它远比我们想象的更容易驾驭。生活不是纠缠不清的过去，也不是无限未知的未来。所有人的生活实际上都是这样的：

••••••••••••••••••••••• ● •••••••••••••••••••••••

这个巨大的点，正是我们所处的"此刻"，而虚线则代表着虚无，是我们曾经停留过、未来还将抵达的地方。请停下来想一想，你能听见周围的声音吗？附近有人经过吗？你的身体有何感觉？这些，就是生活的全部。再过几分钟，你将踏入另一个时刻——身体衰老了一些，整个世界已然与几分钟前有所不同。而这些不同，又究竟在哪里呢？

关键是，除了我们所处的当下，其他时刻根本不存在。我们只存在于"此时此刻",我们不存在于过去,也不存在于未来;不存在于回忆中,也不存在于计划里。那些只是我们内心的投射,是我们脑海中可以感知和回忆的影像。我们可以沉浸在"过去的美好时光"中,花上好几个小时回忆自己或世界从前的荣光,但那时的我们真的幸福吗?我们曾生活在一个没有恐惧的世界里吗?晚间新闻都是积极、正面的消息吗?我们是否生活在一个没有人挨饿、没有人害怕、没有人受苦的社区。如果我们沉迷于想象未来——"如果我这样做,这件事就会发生,一切都将得到解决"——现在会变得更好吗?"未来"比我们头脑中的其他想象更真实吗?每一个关于未来的计划,是否都只是在分散我们对当下生活的注意力?当我们带着美好的回忆回顾过去时,却不承想那时的我们反而相信未来才是更美好的。

我们如此害怕无聊,每时每刻都在找事情做——刚结束一段谈话,看完一场电视节目,或完成一项紧迫的任务,我们就立马拿起手机或遥控器,找些热闹的、明亮的、新奇的事物来娱乐自己的感官(有时甚至在谈话、节目和任务的中途也是如此,过度兴奋是人的本能)。然而，倘若我们能停下来仔细思考，就会发现，那些心不在焉、在过去与未来之间左右摇摆的时光实在是一种浪费，可悲的是，我们从未真正给予自己活在当下的机会，待办事项清单、遗憾、计划、调整，唯独此时此刻是不属于我们的。

如果有人告诉你，只要醒着，就得把所有空闲时间用来盯着手机、频繁点击屏幕，你还会觉得这是高质量的生活吗？我们如此轻率地浪费着自己的时间，仿佛时间和注意力是取之不尽、用之不竭的资源。我们之前说到过，注意力是当今的全球性通货。掌握权力的人想要攫取我们的注意力，利用它来挣钱。如果我们轻易地将注意力拱手相让，就等于放弃了当下，放弃了我们所拥有的一切。这些公司正一刻不停地窃取着我们的生活。要反制这种行为，我们就必须认识到，这些公司正是通过助长愚昧、怯懦、不公和无度这四大恶行来营利的。我们需要重新去关注自己的幸福。网络上曾流传这样一个关于时间和电子产品沉迷的问题："你账户里有86400美元，有人从你这里偷走了10美元，你会为此气急败坏，把剩下的86390美元扔掉，以此报复那个小偷；还是忘掉这件事，继续生活下去？"

我们每天只有86400秒的时间，为什么要因为一刻的消极而放弃一整天呢？

我们都想获得幸福。当我们为了幸福，决定在生活中做出改变时，这似乎是一种负责任的表现。也许是换一份工作，也许是放弃一段恋情，也许是培养一个新爱好，或尝试一套新的健身计划。然而，如果到现在我们还没有付诸行动，恐怕以后也很难迈出这一步了。我们告诉自己，一旦开始改变，幸福就会到来。但如果对现在的一切并不满意，那么未来也很难有实质性的改变。我们把希望寄托于未来，想象着有一天能够掌握想要习得的技能，拥有理想的房子、工作，健美的身形和美满的恋情。我们期待有朝一日所有问题都会得到"解决"，却未曾为这一目标在当下付出应有的努力。夏绿蒂·净香·贝克禅师的修行专注于愤怒、焦虑和自我中心主义，她说："你之所以觉得无法忍受，是因为你错误地认为，这是可以彻底解决的。"总有人一遍又一遍地告诉我们，事物需要被克服、战胜、改变和拔高——不这么做，就会失败。然而，这种想法只会招致更多的不幸福。我们的期望和想象才是不幸福的根源，而非我们所处的现实。另一位禅修者，作家约翰·塔兰特也曾谈到禅宗对生活中困难的理解："苦难并非异常现象，而是心灵解放的钥匙。在这个意义上，苦难不是偶然或是错误，而是宏大的开端。苦难是一份礼物，它会彻底改变我们的思维方式。"他建议我们扪心自问："如果情况不会再改观了呢？"这并非虚无或绝望，而是要让我们主动去发现他所说的"日常生活中深刻的美好"。我们真正拥有的只有现在，所掌握的工具也只有自己身上的一点智慧、节制、勇气和正义。我们只能尽可能地利用"现在"来塑造自己的品格，然后迈向下一个"现在"。为什么要牺牲现在的幸福，把时间浪费在可能的幸福上呢？

任何时候，总有一条艰难却有益于我们的道路摆在我们面前：或是突破当前的困境，塑造自己的品格；或是静下心来，品味当下的心绪和经历。只要接受"我们只活在当下"这一事实，大部分的恐惧和担忧便会消散，因为恐惧大多不是针对现在的。我们害怕的事有小到看牙医、做工作汇报；也有大到可能爆发的全球冲突或气候灾难。然而，这些事情中有多少是真正正在发生的呢？即便发生，它们在我们生活中又会占据多大的分量呢？

> **练习**
>
> 静坐，感受当下。
>
> 在这一刻，只存在就足矣。
>
> 你会觉得这很困难吗？你本能地会想做什么？你想拿起手机吗？你会不会在心里默念你应该或可以做哪些事情？你为什么觉得这个过程如此艰难？
>
> 定一个闹钟，试试看你能否坚持三十秒。
>
> 一周之内，你能把这个时间延长吗？享受静坐的乐趣，享受活在生命中每一个当下的感受。

如今，人们总是试图通过各种方式让自己忙碌起来，不让大脑闲下来。建立联系，发现问题的新解法，这是人类的一种奇特的本能。然而，智能手机却让这种本能走错了方向。我们不再到村庄的广场上与人交谈，也不再到花园或厨房里鼓捣新东西，而是永无止境地刷手机，或者什么也不想地疯狂看电视。假设这些21世纪的科技并不存在，除了日记和素描本，邻居和家人，我们再也没有其他的途径来满足自己的好奇心和听故事的渴望，我们又能发现哪些关于彼此的真相呢？又会对自己有什么新认识呢？

长时间的散步和高强度的跑步能让我们保持良好状态。我们不会再被电子产品包围，被电子邮件打扰，而身体的疲惫也让我们专注于当下的每一步，单纯地活在那一刻。我们头脑清晰、想法明确，还会经常说："这感觉不错，我得多尝试几次。"然而，当我们看到工作邮件，或者想起冰箱需要清理时，我们又会被新的任务填满，忘记了活在当下的纯粹快乐。此外，阅读还能重塑大脑结构，提高共情能力，让我们体会从未发生在自己身上的生活经历。阅读也是一种冥想的方式。如果安静地坐上一小时，只看书，不看手机或使用其他电子产品，这项单一的、慢速的活动能扩展我们的思维能力，提高注意力，进而让大脑平静放松下来。每天阅读能持续不断地提高专注力。

我们的目的是什么，我们为什么要做特定的事情，我们为什么会倾向于或不倾向于某些思想、团体或做法，一直是推动人类前行的核心力量。然而，我们究竟给自己多少时间去思考这些问题呢？在当今这个追求即时结果、依赖算法的时代，我们鲜少有机会沉浸于当下，去长时间地思考同一个问题——哪怕只是几分钟，更别提那些需要数小时、数周甚至数年才能孕育出的全新、深刻且深思熟虑的解决方案了。而正是这样的解决方案，才能推动人类的进步与发展。无论是数学、科学、艺术还是哲学问题，只有当我们能够长时间地思考问题，给我们的大脑足够的空间和注意力来进行真正的创造和扩展时，我们方能茁壮成长。我们深知，只有当我们有足够的时间去思考时，才能得出更好的答案。然而遗憾的是，如今我们越来越忽视那些本应被用来思考这些问题的宝贵时刻。

> 对于忘记过去、忽视现在、恐惧未来的人来说，
> 生活是短暂而焦虑的。
> ——塞涅卡

不久前，我骑着自行车回家，正在缓慢爬坡的时候，一个年轻人突然跟我说话，喊着一些我听不太清楚的话。我并没有停下，依旧缓慢地前行。我试着向他挥手，告诉他我听不清楚。他还在朝我喊话，而且越喊越凶，但渐渐地，我拉开了距离，把他落在了后面。他终于放弃了。后来我才意识到，他其实是想抢劫我。

我以前被抢劫过，小时候也打过几次架。每次事后，我都会有几天、几周甚至几个月的时间，对暴力深感恐惧，害怕再遭受第二次袭击。但这一次，我没有心跳加速或颤抖，晚上睡觉的时候也没有感到后怕。我突然意识到，这是斯多葛主义在起作用。

如果我打开大门，发现花园里有一头巨大的狮子，我仍会害怕不已，因为这种危险是真实存在的。但是，在多年的学习中，斯多葛哲学已经重塑了我的大脑。那天骑车时我意识到，我已经不再捕风捉影、处处生畏，只会对"真实存在"的，而非想象或投射出来的威胁作出反应。十几岁的时候，我就像畏惧打架一样害怕参加社交活动，害怕想象中自己可能会说的话，或者别人可能会做的事。几年前，如果我在路上看到一个年轻人，我可能会想："他会不会是抢劫犯？我最好加快速度。"于是回到家时，我早已满身大汗、心惊胆战。但现在，就算他试图抢劫我，只要我没发现暴力或威胁的迹象，我的大脑就不会发出任何警报。现在，我不再像以前一样有那么多的恐惧，因为大多数我曾经害怕的事情根本就不是"真实"的威胁。你无法通过思考消除真正危险的情况，但你可以让自己的大脑明白，许多我们所恐惧的事情并不值得害怕——比如与陌生人交谈、参加面试、去一个新的地方旅行。减少生活中的恐惧，本身就是一个值得追求的目标。

> 记住要提醒自己，过去和未来都无权控制你。
>
> ——马可·奥勒留

我们都有过这样的经历，一群朋友聚在一起，但渐渐地每个人都开始玩起了手机。有人查看了一条短信，有人掏出手机确认是否收到了回复，还有人拿出手机分享一个TikTok或Instagram账号。突然间，每个人都紧盯着自己的手机，彼此之间再无眼神交流，没有人突发奇想地说笑话，也没有人谈论自己当下的感受——所有人都在浏览其他人的生活点滴和趣事。回想起这样的时光，我们会高兴吗？难道不应该心无旁骛地享受真正和朋友在一起的时光吗？毕竟，这种抛开了距离、电子设备和干扰的相互陪伴，是如此来之不易。

还记得小时候的快乐有多么强烈吗？小时候的我们没有沉重的责任和一大堆的任务，可以完全沉浸于当下，和朋友一起欢笑，在大雨里奔跑，把昨天的回忆和明天的负担都抛到脑后。现在，我们有账单和工作、计划和遗憾、未完成的待办事项和被延迟的提醒，我们如此紧密地将自己与当下时刻绑定，以至于无法欣赏我们所处的这一刻。这就像去另一个国家度假一样。当我们到达目的地机场时，难免会有压力，我们要收拾行李，排队等候护照检查，通过海关关口，检查再检查我们是否带齐了所有东西，乘车前往酒店，再次检查行李箱、手提行李和机场商店买的东西有没有落下。到了酒店，办理完入住手续，来到房间，才终于能放下所有行李，深呼吸，开始熟悉周围的环境。当我们望向窗外，才会突然意识到外面的天气、酒店旁的建筑，甚至想起办理入住时大堂里播放的音乐——那些当时我们无暇顾及的细节。我们可以尽情欣赏房间里的光线，感受那些在我们日常生活中不常见的墙壁颜色，或是窗外的壮丽海景。当我们终于可以放下过去和未来的包袱时，也是同样的感觉。我们的心灵可以放松下来，沉浸在此刻之中。

当我十几岁在建筑行业工作时，我总是怀着这样的心态——"真等不及这一天赶紧结束"。我总是想着赶紧熬过这一天，早点迎来周末。我的上司总说，他最喜欢周五下班铃响的那一刻，因为这意味着一周的结束，周末终于到来了。问题是，一周只有周五这一天值得期待——甚至周五也不是我想要的，因为这一天的大部分时间我还在工作。除此之外，还要计划晚上做什么。晚上的活动结束后，我和朋友们又不得不相互道别，各自回家。这中间只有一两个小时让我真正感到快乐。即便如此，工作的疲惫始终笼罩着我，周末即将结束的念头也总是冒出来。

一旦意识到这一点，我便察觉到这种习惯的致命之处。我并不是在庆祝周末，而是在哀悼周末；我没有从中获得前进的动力，反而把自己困在了不快乐和后悔的恶性循环中了。这种心态无处不在——在广告中、在电视里，它被大肆宣扬。我们被告知，生活的意义在于周五、在于周末、在于夏天、在于假期。于是，为了生命中那短暂的一小部分，为了那一天、那一周、那半个月的时光快些到来，我们在其余时间里却备受煎熬。如果反复告诉自己，只有这一小部分是有价值的，我们就会在无形中浪费掉无数个鲜活的当下。我一直渴望摆脱现状，拥有一个更美好的未来，但当我真正抵达所谓的"未来"时，我的思维习惯却早已根深蒂固，再也无法享受当下的快乐。（后来，我找了一份为药物滥用者打扫房屋卫生的工作。这份工作让我每天都感到快乐，完全沉浸于每一项任务之中。我不再盼着一天快些结束，这种改变让我感到无比欣慰。）享受生活就要趁现在。欣赏日落不用等到周末，因为太阳每天都会落下，甚至也不用为了看日落而费力爬上山顶，超市停车场就是一个好去处，那里大多空间开阔，周围建筑低矮。同样，给朋友打电话、调制一杯自己喜欢的饮料、播放一首适合跳舞的音乐，这些都不必等到周末或刻意腾出时间。然而，我曾总是习惯在晚上七点放下手头未完成的工作，告诉自己"明天再好好做"，这种想法让我感到无比羞愧。工作的结束并不意味着一天的结束，我们还有数小时的宝贵时间可以去发现乐趣，让这一天变得充实而有意义。我们有无数种方式可以摆脱过去和未来的纠缠，全身心地享受当下的每一刻，享受那种纯粹的、不受过去或未来干扰的愉悦与清醒。然而，我至今仍在为此挣扎，因为我总是忍不住将美好的瞬间转化为可供汲取的经验。不久前，我曾站在雷阵雨中，闻着雨水的气息，感受着它落在皮肤上的触感，看着头顶的闪电。那一刻，我确实享受到了片刻的宁静，但我的脑海中却始终在思考如何将这段回忆变成一个故事，用来告诫人们要活在当下。然而，即使在那些安静的、沉闷的、尚未完美到足以拍成电影或写进歌里的时刻，我们依然可以完美地存在。

"完美的时光"永远都不是真的完美。每个假期都有无聊的时候，每个周末都有家务要做，每场派对总会有打翻的饮料和不好听的歌。我们只拥有当下。如果能发现当下的真谛和乐趣，我们就会有无尽的惊奇和幸福。

总结

抛下过去的遗憾和对未来的担忧。

享受世界的奇妙，享受此刻的存在。

前行之路

既然你已经走到了这一步,花费了这么多时间读完这本书,那么接下来,你将如何继续前行?

斯多葛主义是一份通往美好生活的指南、一幅成为最好自己的蓝图,也是一种帮助他人的实用方法。其中,行动是至关重要的一环——如果不将斯多葛主义融入生活,那么学习这些知识便失去了意义。即便无法一蹴而就,但你迈出的每一步都将引领你走向幸福。当你将这些新知识付诸实践的那一刻,你便真正成了一名斯多葛主义者;否则,你将与斯多葛主义的真正意义和乐趣擦肩而过。

在数千年的岁月里,这些质朴的观点经过了不断发展,世代相传,在权贵的威胁和其他哲学流派的竞争中存活下来。如今,斯多葛主义也被翻译并传播到世界各地。从伟大的皇帝马可·奥勒留——他曾面临着战争、帝国的纷争、家庭和自身的性格问题——到如今捧着这本书的你，面对气候变化、经济的不确定性、家庭矛盾以及自身的性情，时代发生了巨大的变化，却又似乎从未改变。我们都是人，都面临着问题、挑战和困难，同时也都拥有着相同的潜能。

尽管斯多葛主义已有数千年的历史，但这一古老哲学依然能够为现代社会问题提供深刻的解答。面对网络信息的冗余、智能手机对注意力的分散，以及消费文化和注意力经济所制造的人为困境，我们可以在日常生活中践行四大美德，让心灵重归平静与满足。我们渴望生活在一个充满真理、公正、诚实、责任感和仁爱的世界里，免受恐惧的侵袭。

愿这本书能成为你探索和创造更美好世界的指引。

斯多葛主义的生活

活在当下。此时此刻就是唯一的存在。

只关心你能控制的事情。摆脱欲望和攀比。

以四大美德为行动的指引。追求真理与平衡，公平与勇气。

对现在拥有的一切心存感恩。谨记人终有一死。在幸福面前，所有人都是平等的。

对自己的想法保持内省。要坚信你有力量挺身而出，成为这世间的一束光。